Lars-Broder Keil
Sven Felix Kellerhoff

Mord an der Mauer

© privat

Lars-Broder Keil war als Journalist seit 1989 u. a. für das Auslandsmagazin Freie Welt, Die Zeit, die Berliner Morgenpost sowie die WELT-Gruppe tätig, hier mit Schwerpunkt Zeitgeschichte und historische Serien. Seit 2019 ist er Leiter des Unternehmensarchivs der Axel Springer SE. Daneben publiziert er Bücher, vorwiegend zu zeithistorischen Themen.

© Frank Lehmann

Sven Felix Kellerhoff war als Journalist u. a. für die Berliner Zeitung, die Badische Zeitung und den Bayerischen Rundfunk tätig. Seit 1997 arbeitet er bei der WELT, seit 2003 dort als Leitender Redakteur für Zeit- und Kulturgeschichte, seit 2012 zusätzlich als Leiter des History Channel WELT-Geschichte.

Lars-Broder Keil
Sven Felix Kellerhoff

Mord an der Mauer

Als die Welt Peter Fechter beim Sterben zusah

wbg Theiss

Mit Unterstützung der Berliner Unterwelten e. V.

Die Rechtschreibung wurde durchgängig den aktuell gültigen Regeln
des Duden angepasst, auch in wörtlichen Zitaten.

Die Deutsche Nationalbibliothek verzeichnet diese Publikation in der Deutschen Nationalbibliografie; detaillierte bibliografische Daten sind im Internet über www.dnb.de abrufbar.

wbg Theiss ist ein Imprint der wbg.

Die Herausgabe des Werkes wurde durch die Vereinsmitglieder der wbg ermöglicht.
Lektorat: Kristine Althöhn, Mainz
Gestaltung und Satz: Arnold & Domnick, Leipzig
Einbandabbildung: Abtransport des tödlich verletzten Peter Fechter durch
DDR-Grenzsoldaten. © ullstein bild – TopFoto
Einbandgestaltung: www.martinveicht.de
Gedruckt auf säurefreiem und alterungsbeständigem Papier
Printed in Germany

Besuchen Sie uns im Internet: www.wbg-wissenverbindet.de

ISBN 978-3-8062-4510-3

Elektronisch sind folgende Ausgaben erhältlich:
eBook (PDF): ISBN 978-3-8062-4511-0
eBook (epub): ISBN 978-3-8062-4512-7

Inhalt

13. August 1962: **Leben mit der Mauer** 6

17. August 1962: **Sterben an der Mauer** 19

17. bis 31. August 1962: **Zorn und Trauer** 49

1962 bis 1990: **Gedenken** 76

1990 bis heute: **Aufarbeitung** 117

Dieses Gesicht: Nachwort von Roland Jahn 161

Danksagung 166
Quellen- und Literaturverzeichnis 168
Bildnachweis 173

13. August 1962
Leben mit der Mauer

Schlagartig steht das Leben still in Berlin. Genau um zwölf Uhr beginnt am Montag, dem 13. August 1962, eine dreiminütige obligatorische Verkehrs- und Arbeitsruhe. Genauer: im amerikanischen, britischen und französischen Sektor der geteilten Stadt. Der Senat hat einige Tage zuvor beschlossen, dass alle Autos, Busse und Lastwagen anhalten sollen, wenn die Glocken der Kirchtürme zu läuten beginnen. Auch Busse und U-Bahnen bleiben stehen, der Fahrplan der staatlichen Berliner Verkehrsbetriebe ist unterbrochen. Privaten Unternehmen kann die Stadtregierung zwar keine Vorschriften machen, doch sträubt sich keine einzige Firma gegen die kurze Unterbrechung der Arbeit vor der Mittagspause.

Wo es keine Kirchen gibt, die das Signal geben könnten, hat die West-Berliner Polizei Lautsprecherwagen auffahren lassen, die das Geläut der Freiheitsglocke vom Schöneberger Rathaus übertragen. Diese Glocke erinnert daran, dass 17 Millionen Deutschen ein zentrales Menschenrecht vorenthalten wird: ihr Leben selbstbestimmt und in Freiheit gestalten zu können. Genau 365 Tage nach der Sperrung der innerstädtischen Grenze protestiert West-Berlin damit gegen den Todesstreifen, der die Massenflucht von Ost nach West beendet und schon 26 Todesopfer gefordert hat. Die meisten von ihnen waren DDR-Bürger, die bei Fluchtversuchen erschossen worden, ertrunken oder abgestürzt sind. Aber auch drei West-Berliner Fluchthelfer haben seit dem

13. August 1961 an der Grenze ihr Leben verloren, außerdem drei DDR-Wachposten.

An der bekanntesten Kreuzung der West-Berliner Innenstadt, Joachimstaler Straße / Ecke Kurfürstendamm, schaltet der Verkehrspolizist in seiner erhöhten Glaskanzel die Ampeln auf Gelb, als die Glocken der neuen Kaiser-Wilhelm-Gedächtniskirche zu läuten beginnen. Nicht nur Fahrzeuge halten wie auf Befehl an, ebenso bleiben bummelnde Fußgänger stehen, Radfahrer steigen ab. In den Cafés auf dem Boulevard erheben sich die Besucher von ihren Stühlen. Auf den vielen Baustellen unterbrechen die Arbeiter ihre Tätigkeit, treten an den Rand ihrer Gerüste und schweigen drei Minuten lang. Auch in den Büros herrscht Arbeitsruhe; die Angestellten stehen an den offenen Fenstern und sehen zu, wie der Alltag stillsteht. Die Zugführer der S-Bahnen allerdings sind angewiesen, trotz der angeordneten Verkehrspause auch auf West-Berliner Gebiet weiterzufahren. Schließlich wird dieses Verkehrsmittel von der Reichsbahnverwaltung in Ost-Berlin aus betrieben, untersteht also nicht dem West-Berliner Senat. Jedoch ziehen, als die Kirchenglocken zu schlagen beginnen, Fahrgäste in sieben S-Bahn-Zügen auf West-Berliner Gebiet die Notbremsen. Die in einigen Wagen mitfahrenden DDR-Transportpolizisten greifen nicht ein und nehmen niemanden fest, denn auch die SED hat kein Interesse an einer Konfrontation auf West-Berliner Gebiet ausgerechnet am 13. August.

Als am Rathaus Schöneberg die Freiheitsglocke ausklingt, erhebt der Regierende Bürgermeister Willy Brandt seine Stimme für eine kurze Ansprache: »Liebe Mitbürgerinnen und Mitbürger! In dieser Minute gedenken wir alle des bitteren Unrechts, das unserer Stadt Berlin, der deutschen Hauptstadt, zugefügt worden ist. Wir denken an unsere Verwandten und Freunde, an unsere Landsleute, die durch brutale Gewalt von uns getrennt sind. Und wir ehren die Opfer dieser Mauer. Aber dies kann nicht allein ein Tag des Gedenkens, dies muss auch ein Tag aufrüttelnder Mahnung sein. Erstens: Wir werden uns in West-Berlin auch in Zukunft nicht unterkriegen lassen. Die westlichen Schutzmächte werden hierbleiben und wir wollen unsere Stadt weiter ausbauen als unverzichtbaren Teil des freien Deutschlands. Zweitens: Wir vergessen niemanden, der jenseits der provokatorischen Mauer leben muss. Gemeinsam mit den Landsleuten im Westen werden wir uns immer wieder um die eigentlichen Aufgaben unseres Volkes bemühen. Und heute Abend folgen wir alle diesseits und jenseits der Mauer dem Ruf unserer Ehrenbürger zu einer Stunde der Besinnung. Drittens wenden wir uns noch eindringlicher als bisher an die Völker der Welt und sagen ihnen: Wir Deutsche haben aus bitteren Erfahrungen gelernt. Wir können nicht verzichten auf Selbstbestimmung, Freiheit, Recht und Menschenwürde. Indem wir diesen gewiss nicht leichten Weg gehen, dienen wir dem Frieden der Welt.« Brandt schließt seine Rede, eine von drei verschiedenen Ansprachen, die er an diesem Tag hält: »Gemeinsam mit allen Menschen guten Willens leben wir jenem Tag entgegen, von dem unsere Freiheitsglocke kündet.«

Als die drei Minuten Schweigen und Verkehrsruhe zu Ende gehen, beginnen überall in der Stadt zuerst einzelne Fahrer, dann ganze Autopulks kollektiv zu hupen. Die Ampeln schalten auf Normalbetrieb, und unter ohrenbetäubendem Lärm setzen sich die Fahrzeuge in Bewegung. Bald normalisiert sich der Verkehr in der West-Berliner Innenstadt, in den Büros und Fabriken nehmen die Angestellten ihre Arbeit wieder auf, ebenso auf den Baustellen. Überall dort, wo man den Todesstreifen aus groben Betonsteinen und Stacheldrahtzäunen nicht sieht, geht das Leben in der eingeschlossenen Teilstadt fast so weiter, als gäbe es die Mauer gar nicht.

Entlang der innerstädtischen Grenze selbst sieht es freilich den ganzen Tag über anders aus. Auf Ost-Berliner Seite haben sich an Dutzenden Stellen, von denen aus man trotz verrammelter Straßen und hoher Sichtblenden wenigstens einen Blick über die Mauer werfen kann, mutige Menschen versammelt. An den von der Mauer unterbrochenen Querstraßen der Bernauer Straße und der Zimmerstraße bilden sich kleine Gruppen, ebenso an den meisten Grenzübergängen. Insgesamt sind es viele Hundert, wahrscheinlich sogar mehrere Tausend DDR-Bürger, die an diesem warmen Sommertag ihrem Protest gegen die Teilung der Stadt mit einem kurzen Aufenthalt in der Nähe des Sperrgebiets Ausdruck verleihen. Doch können sie nichts weiter tun, als still zu verharren. Nicht einmal zu winken ist ihnen möglich, denn die Grenztruppen der SED haben an vielen Stellen zusätzliche Uniformierte aufmarschieren lassen. Sie sollen DDR-Bürger festnehmen, die »unerlaubte Zeichen« über die Mauer hinweg in den Westen schicken.

Und ein Zeichen würden viele Ost-Berliner gern senden, können sie sich doch auch nach einem Jahr nicht mit der Situation abfinden. Viele sind durch den Mauerbau nicht nur von Verwandten und Freunden getrennt, sondern haben auch ihre Arbeit oder ihren Ausbildungsplatz im Westen verloren und sind gezwungen, sich neu zurechtzufinden in ihrem stark beschnittenen Leben. Nicht selten haben sie Arbeitsstellen erhalten, die unter ihrer Qualifikation liegen, von der schlechteren Bezahlung ganz zu schweigen. Manche suchen weiter verzweifelt nach Fluchtmöglichkeiten, weil sie im SED-Staat nicht leben wollen; andere haben entschieden, das Regime zu akzeptieren und sich anzupassen. Angesichts des Unruhepotenzials hat auch das Ministerium für Staatssicherheit zusätzliche Mitarbeiter aufgeboten, um am Jahrestag des Mauerbaus »Grenzprovokationen« zu verhindern, wie es im Maßnahmeplan der zuständigen Hauptabteilung I heißt. Die massive Präsenz wirkt abschreckend: Insgesamt registrieren Stasi und Volkspolizei am 13. August nur elf Fälle von »staatsgefährdender Hetze«, darunter eine sechs Meter lange »Hetzlosung« an der Mauer zu einem S-Bahn-Gelände im Bezirk Lichtenberg, die sich »gegen den Vorsitzenden des Staatsrates« Walter Ulbricht richtet, und vier Flugblätter. Ein 29-Jähriger wird festgenommen, der einen Volkspolizisten »mit staatsverleumderischen Äußerungen beschimpft« hat. Angesichts der demonstrativen Anwesenheit zahlreicher DDR-Uniformierter bleibt den Menschen auf östlicher Seite der Mauer nur, hilflos den wütenden Rufen zuzuhören, die aus dem freien Teil Berlins herüberschallen.

Am »antifaschistischen Schutzwall« entlang haben sich dort zahlreiche DDR-Gegner versammelt. Insgesamt 85 Fälle »gegnerischer Tätigkeit« auf West-Berliner Seite vermerkt die Volkspolizei in ihrem minutiösen Bericht. Dazu gehören Kranzniederlegungen westlicher Politiker an Mahnmalen für Maueropfer, kleine und größere Demonstrationen, Sprechchöre gegen Ulbricht und Richtung DDR-Posten gebrüllte Aufforderungen zu desertieren. Einzelne Steine werden über die Mauer geworfen, mindestens zweimal fallen Schüsse aus Luftgewehren. Diese und andere gewaltsame Proteste aber unterbindet die West-Berliner Polizei rasch. Die Beamten sollen, so der klare Auftrag von Innensenator Heinrich Albertz, Eskalationen unbedingt vermeiden.

Zu den meist jungen Männern, die ihren Abscheu über das SED-Regime und seine mörderischen Grenzanlagen herausschreien, gehört der 20-jährige Dieter Beilig aus Kreuzberg. Schon seit fast einem Jahr protestiert der Hilfsarbeiter der Bundesdruckerei mit immer neuen Aktionen gegen die Teilung der Stadt. So hat er im Oktober 1961 an der Spree ein Mahnkreuz für einen bei der Flucht ertrunkenen DDR-Bürger aufgestellt. Im Mai und Juni 1962 bastelt er dann insgesamt sieben Bomben mit selbst gemischtem Schwarzpulver, die er an der Niederkirchnerstraße gegenüber dem Haus der Ministerien der DDR zündet. Allerdings explodieren die Ladungen nicht, sondern brennen lediglich mit einer Stichflamme und viel Rauch ab. Beim letzten derartigen Anschlag überraschen West-Berliner Polizisten Beilig; er wird festgenommen, verwarnt und unter Meldeauflagen wieder entlassen.

Für den ersten Jahrestag des Mauerbaus hat sich Beilig eine spektakuläre, aber friedliche Aktion vorgenommen: Bei einem

Seit dem 13. August 1961 durchtrennen Stacheldraht, Mauern und andere Sperranlagen die Vier-Mächte-Stadt Berlin. Familien werden zerrissen.

Oma Schulze flüchtet an der Bernauer Straße aus der DDR. Sie lässt sich aus dem ersten Stock in ein Sprungtuch der West-Berliner Feuerwehr fallen.

Binnen weniger Wochen werden die Sperren immer stärker ausgebaut, ohne Rücksicht auf Kosten und Materialmangel. Und sie sind stets scharf bewacht.

Am ersten Jahrestag der Grenzsperrung läuft der West-Berliner Dieter Beilig aus Protest in Begleitung mit einem Kreuz die Grenze entlang.

Schreiner hat er Latten gekauft, die er zu einem drei Meter langen Kreuz zusammenfügt, das er dunkel beizt und in Weiß mit den Worten »Wir klagen an« beschriftet. Am Jahrestag des Mauerbaus läuft er mit diesem Kreuz vom Brandenburger Tor aus entlang der Mauer Richtung Kreuzberg; zeitweise führt er eine größere Demonstration von DDR-Gegnern an. An der Kreuzung Niederkirchner-/Wilhelmstraße wagt er sich über die offizielle Sektorengrenze und geht direkt bis an die grob gefügte Mauer, die gut zwei Meter zurückgesetzt auf Ost-Berliner Seite steht. Beilig stemmt das schwarze Kreuz über den Stacheldraht empor, unterstützt von zwei anderen jungen Männern. Die DDR-Grenzposten fühlen sich provoziert und fordern einen Wasserwerfer an, der die drei Mauergegner vom DDR-Gebiet vertreiben soll. Fotografen halten die Konfrontation der drei Mauergegner und des panzerartigen Wasserwerfers in eindrucksvollen Bildern fest. Wenig später schreiten West-Berliner Polizisten ein, lösen den Demonstrationszug auf und nehmen Beilig sein Holzkreuz ab. Weisungsgemäß wollen sie so die Situation beruhigen.

Über den Sender Freies Berlin (SFB) und den Rias erreichen Berichte über diese Aktion und andere Proteste gegen die Mauer im Westteil den Ostsektor Berlins – da mögen die SED-Zeitung *Neues Deutschland* und die anderen parteitreuen Blätter noch so laut jubeln über die angebliche »Rettung des Friedens« durch die DDR ein Jahr zuvor.

Der Maurergeselle Peter Fechter und der Betonbauer Helmut Kulbeik jedenfalls sind alles andere als stolz auf den Mauerbau. Und so haben sie sich entschlossen, den »Arbeiter- und Bauernstaat« auf jeden Fall zu verlassen. Beide sind fast gleichaltrig, achtzehneinhalb Jahre, und arbeiten nach der Lehre seit Januar 1962 auf der Baustelle des früheren Kaiser-Wilhelm-Palais Unter den Linden, das als Institutsgebäude für die Humboldt-Universität wiederaufgebaut wird. Schon seit einigen Wochen spielen Kulbeik und Fechter mit dem Gedanken, gemeinsam die Flucht aus

Ost- nach West-Berlin zu wagen. Sie wissen, dass an der Grenze auf Fluchtwillige geschossen wird, sie dabei getroffen und getötet werden können. Doch seit Mitte Juni 1962 Peter Fechters Antrag abgelehnt worden ist, zu seiner in West-Berlin lebenden älteren Schwester Lieselotte reisen zu dürfen, die er mit seinen Eltern vor dem Mauerbau regelmäßig besucht hat, ist er entschlossen, die SED-Diktatur zu verlassen. Die Ablehnung hat ihn getroffen, umso mehr als sein Produktionsleiter gegenüber der Kaderabteilung Peters Leistung wie Einstellung ausdrücklich gelobt hatte.

Seine Familie informiert er über den Fluchtplan nicht, im Gegenteil: An Lieselotte, die fast zehn Jahre älter ist, hat er im Mai 1962 noch geschrieben, er habe ein Mädchen kennengelernt, mit dem er sich verloben wolle. Auch Helmut Kulbeik spricht weder mit Vater noch Mutter, auch seine ältere Schwester Renate weiht er nicht ein.

Beide Freunde stammen aus Arbeiterfamilien. Peter Fechters Vater Heinrich, ein Maschinenbauer, steht der DDR laut Stasi »ablehnend« gegenüber, während seine Mutter Margarethe, die ein staatliches Uhrengeschäft in Weißensee leitet, wenigstens »nach außen hin fortschrittlich auftritt«. Die Fechters leben in der Behaimstraße 11 in einer Wohnung mit zweieinhalb Zimmern, der Eingang des graubraunen vierstöckigen Hauses führt auf den Hinterhof. Die beengte Wohnung teilen sich die Eltern Fechter mit Peter, ihrer jüngsten Tochter Ruth und der siebenjährigen Enkelin Jutta, der Tochter von Lieselotte, die 1956 nach West-Berlin geflohen ist und Jutta zurückgelassen hat. Margarethe Fechter nahm ihr Enkelkind auf; zeitweise teilt sich Jutta ein Zimmer mit Peter, der sich um sie kümmert. Als Onkel verwöhnt und tröstet er sie, wenn die Großeltern mal zu streng sind. Peter versteht sich auch gut mit seiner älteren Schwester Gisela, die 1960 nach ihrer Hochzeit ausgezogen ist und inzwischen einen kleinen Sohn hat. Manchmal kommt Peter spontan vorbei, um nach seinem Neffen zu sehen. Die Familie ist ihm wichtig.

Bei Familienfeiern geht es ausgelassen und fröhlich zu. Geburtstage werden mit der Verwandtschaft beinahe wie Hochzeiten gefeiert, mit Akkordeon und Gesang, auch Peter singt mit. Seine Familie erlebt ihn aufgeschlossen und liebevoll, er bereitet ihnen keine Sorgen. Nach außen wirkt Peter ruhig, fast schüchtern; im Wohnblock hat er kaum Kontakt zu Gleichaltrigen. Manchmal zieht er mit seinem Cousin Jürgen Remmert los, der ein paar Jahre älter ist. Vor dem Mauerbau sind sie auch nach West-Berlin gefahren, vor allem um ins Kino zu gehen. Doch wenn Remmert und seine Freunde mit dem Kofferradio auf der Straße Westmusik hören, ist Peter selten dabei. Dafür ist er nicht der Typ.

Auf der Baustelle zeigen sich die Kollegen zufrieden mit seiner Arbeit, denn Peter ist fleißig und nie schludrig. Er wünscht sich, irgendwann ein Studium zum Bauingenieur anzuschließen – am liebsten möchte er Kirchen und andere historische Bauten rekonstruieren; manchmal träumt er sogar von Amerika.

Mit Helmut Kulbeik versteht er sich gut. Der Kollege wohnt in der Schreinerstraße 19 in Friedrichshain, ebenfalls noch bei den Eltern. Vater Fritz Kulbeik arbeitet als Werkzeugmacher, Mutter Frieda ist Hausfrau. Peter und Helmut verbringen die Freizeit miteinander, während der Kontakt zu den anderen Kollegen eher lose bleibt. An den Wochenenden gehen sie tanzen oder fahren Kanu. Der Eindruck einer unbeschwerten Jugend indes trügt: Auch Helmut Kulbeik fühlt sich drangsaliert im SED-Staat. Wie Peter ist er seit dem Mauerbau von Verwandten in West-Berlin getrennt, seine Großmutter und eine Tante leben dort. Zudem hat die Familie, seit er als 14-Jähriger konfirmiert worden ist, gelegentlich Hausbesuch von Parteifunktionären bekommen. Sie wollen Helmut überreden, doch noch an der staatlichen Jugendweihe teilzunehmen. Der aber hat keine Neigung, sich ständig betrieblich, gesellschaftlich und sogar in seiner Freizeit einzugliedern, er will einfach nur frei sein. Und auf keinen Fall zur Armee – doch seit dem 24. Januar 1962 gilt die Wehrpflicht für alle jungen Männer ab 18 Jahren und seit April werden die ersten Rekruten eingezogen. So wächst trotz des Risikos die Bereitschaft, bald einen Fluchtversuch zu wagen.

Im Sommer 1962 begeben sich Peter Fechter und Helmut Kulbeik gelegentlich in die Nähe des innerstädtischen Sperrgebiets, um eine geeignete Stelle für ihr Vorhaben zu finden. Doch weder im Norden Berlins, in Pankow, noch im Süden, in Treptow, werden die beiden fündig; auch nicht rund um die Bornholmer Straße – obwohl hier in den vergangenen Monaten schon Dutzenden DDR-Bürgern die Flucht gelungen ist. Vielleicht aber auch genau deshalb, denn wo immer die Grenztruppen eine erfolgreiche »Republikflucht« feststellen, werden die Sperranlagen umgehend überprüft, gegebenenfalls instandgesetzt, oft verstärkt. Also entschließen sich Fechter und Kulbeik, in der Nähe ihres Arbeitsplatzes nach einer Fluchtmöglichkeit zu suchen. In der Schützenstraße zwischen Markgrafen- und Charlottenstraße entdecken sie eine günstige Situation. Auf dem Hof des im Krieg größtenteils zerstörten Häuserblocks befindet sich eine Bautischlerei, in der Arbeiter ein und aus gehen. Unmittelbar südlich grenzt an das Hofgebäude die Ruine eines Geschäftshauses, dessen Eingang auf die Zimmerstraße hinausgeht, die auf ganzer Breite zum Todesstreifen gehört. Der Bürgersteig gegenüber ist schon Kreuzberg, also West-Berlin. Hier ist das Sperrgebiet nur gut zehn Meter breit. Fechter und Kulbeik fällt obendrein auf, dass die Unterstände der Grenztruppen sowohl in der Markgrafen- wie in der Schützenstraße nicht ganz vorn an der Fahrzeugsperre aus Betonschwellen und dem Stacheldrahtzaun stehen, sondern einige Meter zurückversetzt sind. Das müsste die Sicht der Posten auf das Sperrgebiet doch verschlechtern. Sie fällen ihre Entscheidung: Hier wollen sie den Sprint in die Freiheit wagen.

17. August 1962
Sterben an der Mauer

Der Tag verspricht Spannung, zumindest was das Wetter für Berlin an diesem 17. August 1962 betrifft. Ein kleines Zwischentief zieht von der Ostsee her auf die geteilte Stadt zu, die hochsommerliche Hitze der vergangenen Tage weicht nun am Freitag einer drückenden Schwüle. Der Himmel ist bewölkt, für den Abend werden Schauer erwartet. An der Mauer sieht alles nach Normalität aus. Als um 4:51 Uhr die Sonne aufgeht, haben die DDR-Grenztruppen schon die erste »Provokation« des Tages routinemäßig registriert: Um 1:18 Uhr haben »unbekannte Personen im Abschnitt V/3 (Puderstraße) unsere Grenzposten mit Steinen beworfen«, vermerkt der Tagesbericht: »Nach Einsatz von drei Nebelkerzen rot entfernen sich die Täter. Posten nicht verletzt.« Weitere Vorkommnisse aber bleiben vorerst aus: »Die offenen Angriffe auf unsere Grenzposten an der Staatsgrenze« treten in den ersten Stunden dieses Tages »nicht so massiert in Erscheinung wie an den Vortagen«, heißt es erleichtert im Rapport Nr. 229 des Ost-Berliner Präsidiums der Volkspolizei.

Bald nach sechs Uhr früh machen sich Peter Fechter in Weißensee und Helmut Kulbeik in Friedrichshain auf den Weg in die Stadtmitte. Vor ihnen liegt ein anstrengender Arbeitstag – anderes haben sie daher nicht vor. Oder doch. Seiner Schwester Gisela Geue und deren Mann Klaus hat Peter Fechter versprochen, sie nach Feierabend in ihrem kürzlich erworbenen Kleingarten zu besuchen und mit ihnen den Bau einer Datsche aus Stein zu planen. Den Morgen über arbeiten Fechter und Kulbeik auf ihrer Baustelle. Dann schlagen ihnen zwei Kollegen aus ihrer Brigade vor, auf ein Bierchen mitzukommen in die Kneipe *Bullenwinkel* am Hausvogteiplatz. Bis zum innerstädtischen Sperrgebiet ist es von dort nicht weit. Gegen 11:45 Uhr ist die Pause vorbei, und die vier machen sich auf den Weg zurück zum Kaiser-Wilhelm-Palais. Für Fechter und Kulbeik eine ideale Gelegenheit: Jetzt können sie sich absetzen, ohne Aufsehen zu erregen. Sie rufen ihren Kollegen zu, sie wollten schnell Zigaretten besorgen und dann nachkommen. Tatsächlich aber wenden sich Fechter und Kulbeik nach Süden, queren die Leipziger Straße, essen in einem Konsum-Laden noch eine Kleinigkeit und erreichen dann die Schützenstraße, die letzte frei zugängliche Parallelstraße zur gesperrten Zimmerstraße, die wegen des Grenzstreifens vollständig unzugänglich ist.

Kurz nach zwölf Uhr fallen dem Unteroffizier Rolf Friedrich zwei junge Männer in Arbeiterkluft auf. Als Postenführer des Postens 4 der 1. Kompanie beobachtet er vom Kontrollpunkt an der Markgrafenstraße aus das Hinterland des innerstädtischen Sperrgebiets, während der ihm heute zugeteilte Posten, der Gefreite Erich Schreiber, die Zimmerstraße selbst im Blick behält. Beide halten ihre Kalaschnikows feuerbereit, denn wie alle Soldaten der IV. Grenzabteilung sind sie morgens »vergattert« worden. So heißt bei den Grenztruppen der Tagesbefehl, der den Soldaten vor jeder Schicht mündlich erteilt wird und sie verpflichtet, »Grenzdurchbrüche nicht zuzulassen, Provokationen zu verhindern und die Anwendung der Schusswaffe grundsätzlich nach den geltenden Dienstvorschriften und gesetzlichen Grundlagen durchzuführen«. Friedrich kommen die beiden Bauarbeiter verdächtig vor, die langsam die Schützenstraße entlanggehen, denn in der direkten Nähe gibt es zurzeit keine Baustelle.

Wenig später sieht auch Feldwebel Hans Schönert vom Nachbarposten 3 auf der Charlottenstraße die beiden Männer. Inzwischen stehen sie vor einem Gemüseladen an der Schützenstraße und schauen nach Süden Richtung Sperrgebiet. Schönert greift zum Feldtelefon seines Kontrollpunktes und informiert seinen Gruppenführer, Feldwebel Willi Gelhar. Laut Dienstvorschrift muss jetzt eine Kontrollstreife losgehen, um die beiden Verdächtigen zu überprüfen. Vorgesehen ist, dass ihre Personalien festgestellt werden und sie für den Fall, dass sie keine überzeugende Erklärung für ihre Anwesenheit in Grenznähe haben, entweder zu verweisen oder – bei Verdacht auf versuchte »Republikflucht« – festzunehmen sind. Gelhar jedoch verzichtet auf die Kontrolle, denn unterdessen haben sich die Bauarbeiter im Laden eine Brause gekauft und trinken sie in aller Ruhe aus. Offenbar falscher Alarm. Nur ins Diensttagebuch kommt eine kurze Notiz, dann herrscht wieder die Routine des Grenzdienstes. Wie jeden Tag hoffen die Posten, während ihrer Zeit möge nichts passieren – um 15 Uhr ist Wachwechsel.

Fast eine Viertelstunde stehen Peter Fechter und Helmut Kulbeik vor dem Gemüseladen, dann gehen sie die Schützenstraße zurück Richtung Osten und betreten durch eine lange Zufahrt die Tischlerei im teilweise kriegszerstörten Haus Nr. 8. In ihrer dunklen Arbeitskleidung sehen sie aus wie Beschäftigte der Firma. Problemlos gelangen sie über einen Hof mit teilweise schon vermauerten Fenstern in das Gebäude Zimmerstraße Nr. 72–74. Es ist düster, denn Türen und Fenster sind verrammelt. Nur ein kleines Oberlicht in mehr als drei Metern Höhe lässt etwas Helligkeit herein. Die Öffnung von vielleicht 50 mal 60 Zentimetern ist aber mit Stacheldraht gesichert. In der Halbdämmerung erkennen Fechter und Kulbeik, dass vor ihnen große Haufen Hobelspäne liegen. Beide haben den gleichen Einfall: Hier können sie sich in unmittelbarer Grenznähe verstecken und abwarten, bis die Mitarbeiter der Tischlerei Feierabend machen und ins Wochenende gehen. Sie kriechen unter die Holzspäne, wollen sich etwas ausruhen und Kraft sammeln für die entscheidenden Sekunden, die sie vor sich haben: Nur etwas mehr als zehn Meter trennen sie von West-Berlin, von der Freiheit. Allerdings müssen sie auf dieser kurzen Strecke einen dichten Stacheldrahtzaun und die zwei Meter hohe Sperrmauer mit weiterem Stacheldraht überwinden – und sie können nur hoffen, dass die Grenzposten sie nicht sehen, nicht schießen oder wenigstens nicht treffen werden.

Binnen Kurzem erweist sich ihr scheinbar so geeignetes Versteck als das Gegenteil: Unter den Holzspänen wird Fechter und Kulbeik rasch derartig heiß, dass an Ausruhen oder gar Schlaf nicht zu denken ist. Trotzdem harren sie aus, schließlich gibt es für sie keinen Weg mehr zurück: Mit Sägespänen an der Kleidung würden sie den Mitarbeitern der Tischlerei sicherlich auffallen, und bei einer Überprüfung durch Volkspolizei oder Stasi hätten sie keine Erklärung für ihre Anwesenheit so dicht an der Grenze. Fast zwei Stunden schon verbergen sich Fechter und Kulbeik, als sich plötzlich Stimmen nähern. Mit Handzeichen verabreden sie sich, die Flucht wagen zu wollen, sobald die Männer wieder weggegangen sind.

Als es so weit ist, verlassen die beiden Fluchtwilligen das Versteck. Den Rahmen des Oberlichts lösen sie schnell, er ist nur mit zwei Nägeln befestigt. Auch der quer gespannte Stacheldraht auf der Innenseite stellt kein Hindernis dar. Zum Glück ist das Fenster von außen nicht vergittert – das hatten sie bisher nicht wissen können. Der einen halben Kopf kleinere Fechter klettert hoch und verrenkt seinen Körper, um sich durch die enge Öffnung zu zwängen. In diesem Moment betritt ein Arbeiter der Tischlerei den Raum, sieht die Fremden und bleibt »vollkommen sprachlos« stehen, wie Kulbeik auffällt. Im selben Augenblick springt Peter Fechter vorsichtig hinunter, um so nah wie möglich an der Hauswand zu landen, im toten Winkel der Wachposten auf der Charlotten- und der Markgrafenstraße, Kulbeik folgt. Für beide ist es ein Sprung ins Ungewisse: Vielleicht patrouillieren auch auf der Zimmerstraße Streifen. Oder es liegen Sperren wie der berüchtigte »Stalinrasen« auf dem Bürgersteig; so nennt der Volksmund in der

DDR die Stahlgestelle mit acht Zentimeter langen spitzen Dornen, die offiziell »Flächensperren« heißen. Wer darauf springt, dem durchbohren die Nägel jede Sohle und auch die Füße. Ihre schweren Bauarbeiterschuhe aber hatten Fechter und Kulbeik ohnehin bereits ausgezogen, als sie sich unter den Holzspänen versteckten.

Das Glück ist auf ihrer Seite – es liegt kein »Stalinrasen« vor dem Fenster, auch sind auf den gut drei Metern zwischen Hauswand und erstem Stacheldrahtzaun keine Wachposten unterwegs. Allerdings sehen die beiden erst jetzt, dass es noch weitere Hindernisse gibt: Direkt hinter dem Zaun sind zwei Rollen Stacheldraht ausgezogen. Es reicht also nicht, das erste Hindernis zu überklettern; man muss oben vom Zaun aus über die Stacheldrahtrollen hinweg auf den Asphalt der Zimmerstraße springen. Dann sind es zwar nur noch acht Meter bis zur Mauer selbst, der letzten Sperre – doch zwischen den gemauerten Verstärkungen, die alle zehn bis zwanzig Meter die Mauer stützen und wie Vorsprünge zur Ostseite hineinragen, wurde zusätzlich Stacheldraht gespannt, in dem man sich verfangen kann; hier wäre man ein leichtes Ziel für die Kugeln der Grenzposten. Fechter und Kulbeik kann das nicht mehr schrecken, sie kennen nur eine Richtung: nach West-Berlin, in die Freiheit. Sie rennen los, mitten hinein ins Sicht- und damit Schussfeld der beiden Doppelposten, die rechts und links von ihnen stehen. Peter Fechter läuft als Erster, Helmut Kulbeik folgt ihm mit wenigen Schritten Abstand. Es ist wenige Sekunden nach 14:10 Uhr.

Als Erster nimmt der Gefreite Erich Schreiber vom Posten 4 an der Markgrafenstraße die schnelle Bewegung rechts von sich wahr. Instinktiv ruft er seinem Postenführer Rolf Friedrich zu: »Da flitzt einer!« Der Unteroffizier gibt noch zurück: »Wo denn, ich sehe keinen«, dann zieht er den Abzug seiner Kalaschnikow schon durch. Die Waffe ist auf Dauerfeuer gestellt, Friedrich gibt aus der Hüfte mehrere Feuerstöße ab, 17 Kugeln insgesamt. Gezieltes Schießen ist selbst auf die relativ kurze Entfernung von achtzig

Metern so allerdings unmöglich, weil die Kalaschnikow bei Dauerfeuer ausbricht. Schreiber drückt ebenfalls ab, zwei Feuerstöße mit zusammen sieben Schuss. Einen Warnruf, wie es die offiziell gültigen »Schussgebrauchsbestimmungen« der DDR-Grenztruppen vorschreiben, geben weder Friedrich noch Schreiber ab.

Nur einen Wimpernschlag nach Schreiber nimmt auch der Gefreite Siegfried Buske vom Posten 3 an der Charlottenstraße die Flüchtlinge wahr und drückt ab – möglicherweise als Warnung in die Luft. Als sein Postenführer Hans Schönert diesen Schuss hört, wendet er sofort den Blick Richtung Sperrgebiet, reißt sein Gewehr hoch und schießt. Etwa 55 Meter liegen zwischen ihrem Standort, dem Sockel einer alten Litfaßsäule, und den beiden Flüchtlingen. Neun Schuss gibt Schönert im Dauerfeuer ab, dann muss er aufhören und in Deckung gehen, weil Kugeln aus den Waffen der Kompaniekameraden Friedrich und Schreiber als Querschläger in seiner Nähe einschlagen. Buske hatte sich schon nach den ersten Schüssen in einen kleinen Graben geworfen. Nach nicht einmal zehn Sekunden ist der Schusswechsel vorüber.

In genau diesen Sekunden rennt Kulbeik quer über die Zimmerstraße, windet seine 1,85 Meter geschickt durch den gitterförmig gespannten Stacheldraht vor der Mauer, zieht sich auf die Betonsperre hoch und unter dem ypsilonförmigen Stacheldrahtträger hindurch. Da registriert er aus dem Augenwinkel, dass sein Freund wie angewurzelt auf der Ost-Berliner Seite der Mauer steht. Kulbeik ruft ihm noch zu: »Nun los, nun los, nun mach doch!« Fechter bewegt sich aber nicht mehr vorwärts, sondern beginnt sich sogar umzudrehen. Er antwortet auch nicht, offenbar hat ihn geschockt, dass tatsächlich scharf geschossen wird. Helmut Kulbeik rutscht über die Mauerkrone. Hinter sich hört er noch weitere Schüsse. Zwei, drei Meter noch im Schatten, also im Schutz der Betonsperre, dann steht er auf West-Berliner Gebiet und ist in Sicherheit. Kulbeik läuft nach links, zum nächsten erkennbaren Eingang. Dieser führt in einen modernen Bau aus rotem Backstein und mit viel Glas, drei Stockwerke hoch – der Kopfbau der erst ein Jahr alten Druckerei des Axel Springer Verlags an der Kochstraße, zugleich Sitz der Berliner *Bild*-Redaktion. Sofort nehmen sich die Mitarbeiter dort des Flüchtlings an. Mit Ausnahme von Kratzern der Stacheldrahtdornen an Armen und Beinen ist er unverletzt. Nicht einmal die Knöchel hat er sich verstaucht.

Ganz anders ergeht es Peter Fechter. Zwar trifft ihn nur ein einziges der insgesamt 34 abgefeuerten Stahlkerngeschosse vom Kaliber 7,62 Millimeter, aber dieses durchschlägt seine rechte Beckenschaufel. Der Schusskanal verläuft schräg nach oben durch den ganzen Unterkörper; die Kugel zerreißt Dick- und Dünndarm sowie die Beckenschlagader, zertrümmert seine linke Beckenschaufel und tritt elf Zentimeter über der Einschusswunde wieder aus. Im Körper ist die Kugel ins Trudeln geraten, weshalb die Austrittswunde 11 Millimeter breit und 22 Millimeter lang aufgerissen wird. Die Energie des Treffers reißt Fechter von den Beinen, er stürzt längs zur Mauer hin, keinen halben Meter von ihr entfernt.

Entlang der Zimmerstraße verläuft die innerstädtische Grenze genau durch das frühere Berliner Zeitungsviertel. Obwohl die Bombardements des Zweiten Weltkriegs hier schlimme Schäden angerichtet haben, werden doch mehrere Geschäftshäuser zu beiden Seiten des Grenzstreifens genutzt. Am Freitagmittag arbeiten hier Hunderte Angestellte, freuen sich auf ihren Feierabend und das bevorstehende Wochenende. Die meisten von ihnen sind Ohrenzeugen der Schüsse auf Fechter und Kulbeik, Dutzende versuchen sofort, einen Blick auf das Sperrgebiet zu erhaschen. Wissen doch alle Berliner, gleich ob in Ost oder West: Schüsse an der Mauer können nur bedeuten, dass gerade eine Flucht versucht worden und möglicherweise gescheitert ist.

Ganz dicht am Geschehen befindet sich Renate Pietsch. Die 17-Jährige steht auf der Charlottenstraße im Osten, nur zwei, maximal drei Meter entfernt von der Straßensperre aus Betonelementen. Sie hat schon Feierabend und wartet auf ihren Freund

Wolf-Dieter Zupke, der wie sie in der Druckerei des Union-Verlags arbeitet. Das Gebäude liegt unmittelbar an der Zimmerstraße, noch dazu nahe dem besonders scharf überwachten Ausländerübergang Checkpoint Charlie. Da der eigentliche Eingang zum Verlagsgebäude und zur Druckerei im Hof seit August 1961 durch den Todesstreifen unzugänglich ist, müssen alle Angestellten den Betrieb über ein abgeräumtes Trümmergrundstück in der Charlottenstraße betreten und verlassen. Seit etwa 14 Uhr wartet Renate Pietsch hier schon, aber sie tut es gern, denn ihr Freund hat versprochen, die Einladungskarten für ihre Verlobungsfeier zu drucken. Beide kennen sich von klein auf, ihre Väter haben früher zusammen Radsport betrieben. Renate schaut auf den Zugang zum Hof, allein schon weil sie nicht einen der beiden Grenzer angucken möchte, der mit ihr zu flirten versucht. Da plötzlich knallt es nur wenige Meter hinter ihr. Die junge Frau, die bis zum Mauerbau eine Lehrstelle als Schneiderin in West-Berlin gehabt hat, nun aber als ungelernte Kraft in der Druckerei arbeiten muss, dreht sich sofort um. Am Rand ihres Blickfelds sieht sie eine männliche Gestalt auf der Mauer. Während einer der beiden Soldaten vor ihr weiter Feuerstöße abgibt, hat Renate Pietsch den Eindruck, dass diese Person von der Mauer zurück in den Todesstreifen fällt. Sie hört noch einen Ruf: »Nun mach doch!«, dann wirbelt die männliche Gestalt in dunklen Kleidern herum und bricht zusammen. Instinktiv will Renate in seine Richtung gehen, immerhin hat sie kürzlich einen Lehrgang beim Roten Kreuz absolviert und fühlt sich verpflichtet, dem offensichtlich Verletzten zu helfen. Doch ein Uniformierter stößt sie zurück und bellt: »Da können Sie nicht hin, da wird geschossen.« Renate Pietsch wird wütend und herrscht die beiden Grenzer an, beschimpft sie als »Verbrecher« und »Mörder«. Einige neben ihr stehende Kollegen ziehen sie weg.

In diesem Moment, seit den ersten Schüssen ist weniger als eine Minute vergangen, erreicht Wolf-Dieter Zupke seine zukünftige Verlobte. Der 19-Jährige hat vom Zugang zur Union-Druckerei

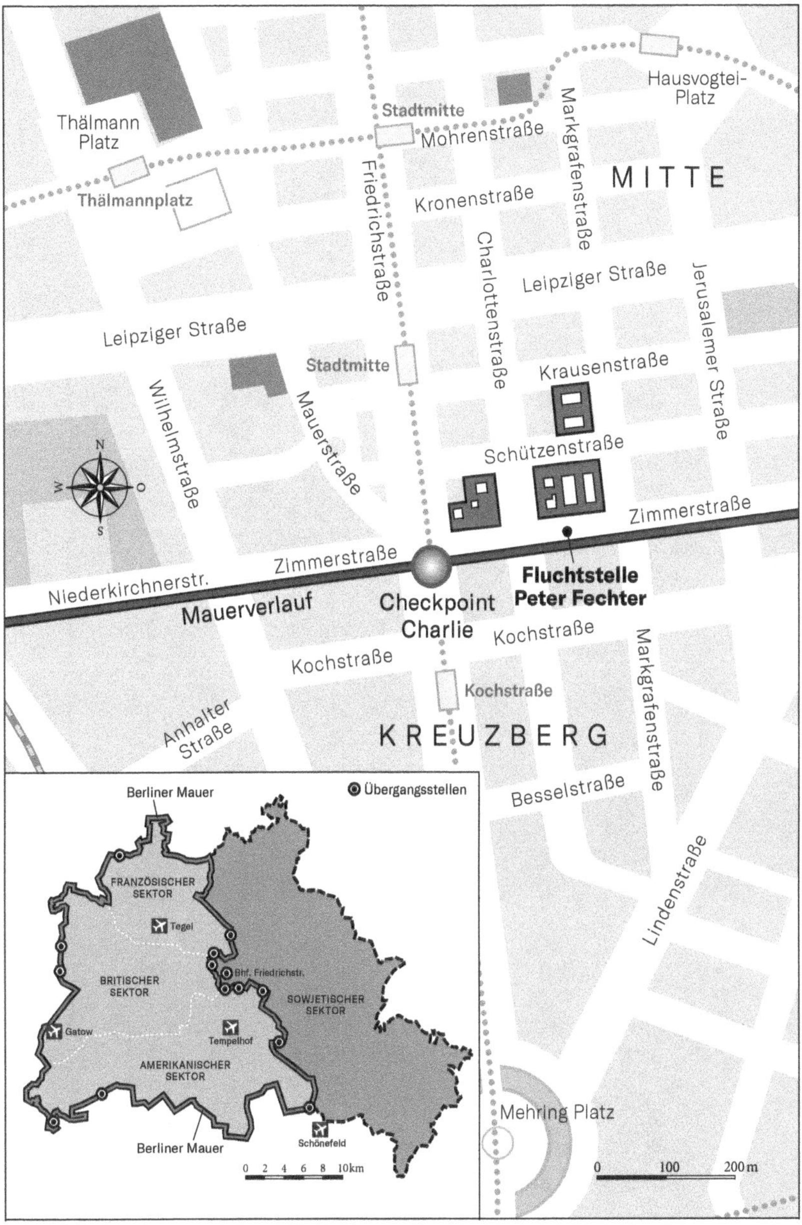

Berlin 1962: Die Sperranlagen der DDR schließen die westlichen Sektoren der Stadt ein. An der Zimmerstraße wird der Ausländerübergang zum Brennpunkt.

West-Berliner Polizeibeamte erklettern die grob gefügte Mauer und versuchen, mit dem verletzten Flüchtling Peter Fechter zu sprechen.

Fast 50 Minuten liegt der junge Ost-Berliner Bauarbeiter am 17. August 1962 blutend direkt an der Mauer im Todesstreifen.

Fechter ist durch eine Kugel so schwer verletzt, dass er sich nur noch einmal auf die Seite drehen kann – dann verlassen ihn seine Kräfte.

Wenige Minuten nach den Schüssen dokumentiert der West-Berliner Fotoreporter Wolfgang Bera das Leid des gescheiterten »Republikflüchtlings«.

Der Ort des Geschehens: DDR-Posten haben den Mauerstreifen eingenebelt.
Im Hintergrund rechts die Druckerei des Axel Springer Verlages.

Der Zaun an der Bordsteinkante ist mit Stacheldrahtrollen verstärkt; links das Haus, aus dem Peter Fechter und Helmut Kulbeik die Flucht gewagt haben.

Als DDR-Grenzer und ein Volkspolizist den sterbenden Fechter über die Mauer-Elemente heben, gelingt Bera dieses Foto. Es geht um die Welt.

Der kräftige Volkspolizist Heinrich Mularczyk trägt den Körper von Fechter allein weiter zu dem Wagen, der ihn ins Krankenhaus bringt.

Am Hofeingang zur Union-Druckerei verfolgen mehrere Ost-Berliner den Abtransport des Sterbenden – mit gebührendem Abstand zur Sektorengrenze.

aus verfolgt, was sich rund sechzig Meter vor ihm im Sperrgebiet abgespielt hat. Auch er nimmt eine männliche Gestalt wahr, die unmittelbar vor der Mauer zusammenbricht, während geschossen wird. Renate Pietsch berichtet ihm empört, was sie gesehen hat. Dann weist sie auf die beiden Uniformierten, die in einem niedrigen Graben Deckung genommen haben, und sagt: »Die müsste man fotografieren.«

Ihr fällt auf, dass sich die beiden Grenzer des Postens auf der Charlottenstraße ganz und gar unterschiedlich verhalten. Der jüngere ist völlig aufgelöst, hat sein Gewehr aus der Hand gelegt und ist augenscheinlich unfähig zu begreifen, dass während seines Dienstes ein Fluchtversuch geschehen ist und er geschossen hat. Sie kennt seinen Namen nicht, es handelt sich um Siegfried Buske. Der ältere der beiden Uniformierten dagegen liegt noch in Deckung, obwohl schon nicht mehr geschossen wird. Renate Pietsch und Wolf-Dieter Zupke bleiben stehen, wenige Meter vor der Straßensperre, und beobachten das Drama, das sich vor ihren Augen abspielt. Peter Fechter hat nach dem ersten Schock angefangen zu rufen: »So helft mir doch, helft mir doch!« Pietsch und Zupke fahren die Grenzposten an: »So helft ihm doch – ihr Schweine.«

Der 20-jährige amerikanische Europa-Tourist Dennis L. Bark geht genau in diesem Moment mit seinem Bruder über die Asphaltfläche der Grenzübergangsstelle Friedrichstraße. Die beiden kommen von einem Abstecher nach Ost-Berlin zurück. Plötzlich hört Bark links von sich Gewehrschüsse, sieht hin und erkennt schnelle Bewegungen. Im nächsten Moment steht vor den beiden jungen US-Bürgern ein DDR-Uniformierter mit gezogener Pistole und befiehlt ihnen, stehen zu bleiben. Das darf er nicht, aber Bark und sein Bruder riskieren lieber nichts und fügen sich der Anweisung.

Auf West-Berliner Seite reagiert der Polizeiposten an der Lindenstraße sofort, als die ersten Schüsse fallen, und alarmiert per Telefon die Einsatzzentrale des Präsidiums. Um 14:12 Uhr nimmt der diensthabende Beamte dort die Meldung auf und schickt drei Funkstreifenwagen los. Innerhalb von drei Minuten sind sie vor Ort. Die Grundstücke gegenüber der Ruine Zimmerstraße Nr. 72–74 sind abgeräumt. Nur zwei kleine Podeste stehen dort, von denen aus man über die Mauer hinweg nach Ost-Berlin schauen kann; im Übrigen wächst hier nur Gras. Jetzt allerdings sammeln sich auf dem Areal rasch West-Berliner, die wissen wollen, was genau geschehen ist. Aus der Druckerei des Springer Verlags eilt der Betriebsarzt herüber. Dr. Willi Weitze hat Verbandszeug aus seinem Erste-Hilfe-Kasten bei sich.

Zur selben Zeit befindet sich der junge Fotoreporter Wolfgang Bera schon an Ort und Stelle. Er hat die Schüsse gehört, als er gerade auf dem Weg in die *Bild*-Redaktion ist, um belichtete Filme abzugeben. Sofort rennt er die kaum hundert Meter herüber. Mehrfach springt er hoch, um über die Betonplatten einen Blick in die Sperrzone zu erhaschen, aber er kann kaum etwas sehen. Bera will schon aufgeben, als er auf einmal eine Bewegung auf Ost-Berliner Seite bemerkt. Im vierten Stock des Hauses Zimmerstraße Nr. 70 steht eine alte Frau am Fenster. Sie zeigt mit dem Finger auf eine Stelle hinter der Mauer. Bera versteht sofort: »Da muss einer liegen.« Er läuft hin und klettert kurz an der Mauer hoch, dann sieht er: »Ein junger Mann, direkt unter mir.« Der Fotograf reagiert instinktiv und drückt auf den Auslöser.

Gegen 14:15 Uhr treffen Polizeimeister Harry Bergau und sein Kollege mit dem ersten Funkstreifenwagen des Einsatzkommandos Kreuzberg ein, einem VW Käfer. Sie sehen auf West-Berliner Seite Dutzende ziemlich aufgeregte Menschen und Bera, der sich von westlicher Seite an die Mauerkrone klammert. Schnell erfahren die Polizisten, unmittelbar hinter der Mauer liege auf Ost-Berliner Seite ein Flüchtling, offenbar schwer verletzt. Bergau fackelt nicht lange, geht vor zur Mauer, die drei Meter hinter der offiziellen Sektorengrenze auf Ost-Berliner Gebiet steht, und hangelt sich neben dem blonden Reporter an der grob gefugten Sperre hoch.

Eigentlich ist das ein schwerer Verstoß gegen eine ständig geltende Dienstanweisung. West-Berliner Polizisten haben, zumal in Uniform, den strikten Befehl, auf keinen Fall die Demarkationslinie zu überschreiten – denn die DDR-Posten sehen darin immer und sofort einen Angriff auf die Souveränität der SED-Diktatur. Doch darum schert sich Bergau in diesem Moment nicht: Er will wissen, was sich wirklich hinter der Mauer abspielt.

Als er seinen Kopf unter die Stacheldrahtkrone hindurchzwängen kann, sieht er einen jungen Mann auf dem Rücken direkt am Fuß der Mauer liegen. Er trägt eine dunkle Bauarbeitermontur und keine Schuhe, ein Strumpf ist ihm halb vom Fuß gerutscht. Unter seinem Körper breitet sich eine Blutlache aus. Der Polizeimeister hört, dass der Verletzte etwas zu sagen versucht, kann ihn aber nicht verstehen. Bergau lässt sich von seinen Kollegen aus dem Funkstreifenwagen ein paar Verbandspäckchen reichen, die er über die Mauer wirft, auch Dr. Weitze gibt ihm Mullbinden. Doch Peter Fechter ist zu schwach, um damit etwas anfangen zu können. Er kann sich gerade noch auf seine rechte Seite drehen. Ein Reporter reicht dem Polizeimeister einen Fotoapparat und bittet ihn, eine Aufnahme zu machen. Bergau drückt auf den Auslöser und reicht die Kamera zurück. Neben ihm haben zwei weitere West-Berliner Polizisten die Mauer erklommen. Einer von ihnen hört, wie das Opfer unter großen Schmerzen mitteilt, einen Bauch- und zwei Rückenschüsse erlitten zu haben. Genau so muss er seine Verletzung fühlen, auch wenn nur eine einzige Kugel sie verursacht hat.

Auf West-Berliner Seite hat Herbert Ernst ebenfalls die Schüsse gehört. Der junge Kameramann, der als freier Mitarbeiter der Agentur German Television News für die westdeutsche Kino-*Wochenschau* aus Berlin berichtet, hat gerade in einem Fachgeschäft in der Friedrichstraße ein neues Objektiv kaufen wollen. Augenblicklich greift er sich die Filmkamera, die der 22-Jährige stets mit frischem Material gefüllt bei sich trägt, und läuft hinüber zur

Mauer. Er sieht Uniformierte und Zivilisten direkt an der Demarkationslinie stehen, weiß aber nicht, was vor sich geht; trotzdem filmt Ernst die Situation. Vorn an der Mauer erkennt er seinen Bekannten Wolfgang Bera, der unter dem Stacheldraht hindurch fotografiert.

Der rennt, kaum dass er seine Bilder gemacht hat, los Richtung Friedrichstraße zum Checkpoint Charlie, wo US-Militärpolizisten Tag und Nacht Wache schieben. Bera ist sich sicher: Nur sie können dem Verletzten helfen, denn Ost-Berliner Grenzer und Volkspolizisten dürfen US-Soldaten in Uniform weder kontrollieren noch aufhalten. Das liegt am besonderen Status der Viermächtestadt: Lediglich Angehörige der Roten Armee haben das Recht, Vertreter der anderen drei Siegermächte des Zweiten Weltkriegs zu überprüfen. Der Fotograf hofft, dass die GIs helfen werden, wird jedoch enttäuscht: Der diensthabende Sergeant hat bereits mit seinem vorgesetzten Offizier telefoniert und eine klare Anweisung bekommen. Seine Männer und er sollen sich heraushalten, ganz gleich was an der Zimmerstraße geschehen ist. Den Militärpolizisten gefällt das zwar nicht, gegen den Befehl dürfen sie aber nicht verstoßen. Also fertigen sie den Reporter hart und kalt ab: Das sei nicht ihre Sache. Wolfgang Bera wendet sich enttäuscht ab und läuft zurück zur *Bild*-Redaktion. Ein Teleobjektiv will er holen für seine Kamera – und eine Leiter. Er spürt, dass die Situation noch nicht vorüber ist, und möchte gewappnet sein.

Auf Ost-Berliner Seite hat Feldwebel Schönert inzwischen seinen Vorgesetzten informiert. Grenzer müssen jeden Fluchtversuch umgehend melden. Auf dem vorgesehenen Dienstweg erfährt Hauptmann Heinz Schäfer, zu diesem Zeitpunkt als stellvertretender Kommandeur der IV. Grenzabteilung direkter Vorgesetzter der beiden Doppelposten an der Charlotten- und der Markgrafenstraße, ein »Grenzverletzer« sei »unter Anwendung der Schusswaffe gestellt« worden, wie es im Jargon der Grenztruppen heißt. Die Person liege jetzt im Sperrgebiet, offensichtlich verletzt. Über die Schwere der Verwundung gibt die Meldung keinen Aufschluss. Schäfer, der in der Kaserne in Rummelsburg Dienst hat, befiehlt dem Zugführer vor Ort, den Verletzten sofort zu bergen. Oberleutnant Martin Leistner verweigert dies allerdings. Nach den Schüssen hat er sich von einem Beobachtungsstand in der Hausruine Zimmerstraße Nr. 72–74 aus ein Bild gemacht. Durch die enge Schießscharte kann er zwar nicht viel sehen, aber er glaubt, auf West-Berliner Seite sechs bis acht Polizisten mit Gewehren im Anschlag ausgemacht zu haben. Die Uniformierten hätten ihm zugerufen, sie würden auf DDR-Grenzer schießen, sollten sie den Verletzten bergen wollen.

Schäfer nimmt seinem Untergebenen diese Darstellung ab. Dabei handelt es sich um eine reine Schutzbehauptung: Kein anderer Zeuge, weder auf West- noch auf Ost-Berliner Seite, hat auch nur etwas annähernd Ähnliches gehört. Im Gegenteil, mehrere westliche Beamte, darunter Harry Bergau, und einige Zivilisten fordern die DDR-Grenzer auf, dem Schwerverletzten an der Mauer doch endlich zu helfen. Auch stehen nicht sechs bis acht Polizisten mit Gewehren im Anschlag auf einem Podest – ohnehin passen auf die einfache Holzkonstruktion nur maximal vier Personen. Zwar stehen auf der Freifläche vor der Mauer inzwischen einige Bereitschaftspolizisten, die Karabiner in den Händen, aber nicht im Anschlag, sondern nur auf Hüfthöhe halten, und sie sind rund zwanzig Meter weg von der Mauer, die ihnen den Blick versperrt. Gezielt schießen kann man so kaum. Die Uniformierten wollen DDR-Grenzer lediglich von Schüssen auf West-Berliner Gebiet abschrecken. Doch Schäfer hat die Hasspropaganda der SED gegen die »Frontstadtpolizei« derartig verinnerlicht, dass er seinem Oberleutnant glaubt. Sofort ruft er nach seinem Fahrer, zehn Kilometer trennen Schäfer vom Ort des Geschehens. Er will die Lage selbst prüfen und dann entscheiden, was zu tun ist. Auf schnellstem Weg lässt er sich mit seinem Geländewagen vom sowjetischen Typ GAZ-69 in die Innenstadt fahren.

Der Volkspolizist Heinrich Mularczyk wird ebenfalls über Funk informiert, dass an der Sektorengrenze geschossen worden ist. Als Streifenführer der Polizeiinspektion Mitte erhält der Hauptwachtmeister den Auftrag, zur Charlottenstraße zu fahren und die Grenztruppen »abzusichern«. Umgehend macht er sich mit seinem Funkstreifenwagen auf den Weg. Mularczyk ist in einer ländlichen Gegend nördlich von Berlin aufgewachsen, und weil seine Familie aus Landwirten besteht, hat er den Beruf des Traktoristen erlernt. Doch als dann die »bewaffneten Organe«, wie das in der DDR heißt, Nachwuchs suchten, wurde sein Vater eines Tages gefragt, ob er nicht einen seiner fünf Söhne schicken wollte. Die Familie beriet – und Heinrich ging. Auf ähnliche Weise waren auch die Grenzsoldaten, die jetzt auf ihren Vorgesetzten warten, »verpflichtet« worden.

Immer noch stehen Dennis L. Bark und sein Bruder auf der Friedrichstraße. Eine gute Viertelstunde ist seit den Schüssen vergangen, da erlaubt der DDR-Grenzer, der sie mit seiner Pistole bedroht, ihnen mit einer Geste weiterzugehen. Als der junge Amerikaner seinen Fuß über die weiße Linie setzt, die Demarkationslinie zwischen dem sowjetischen und dem US-Sektor von Berlin, spürt er eine „überwältigende Erleichterung". Er ist wieder in Freiheit. Ein paar Meter weiter fragt Bark die US-Militärpolizisten am Checkpoint Charlie, was passiert ist. Aber sie können auch nur sagen, dass DDR-Posten das Feuer eröffnet haben auf einen Mann, der versucht hat, über die Sperranlagen zu klettern. Auf westlicher Seite gehen die beiden Berlin-Besucher zu der Stelle, an der Polizisten stehen. Sie können nicht sehen, wagen es auch nicht, über die Mauer zu schauen, aber hören noch die Worte: „So helft mir doch!"

Das Gebiet zwischen Markgrafen- und Charlottenstraße auf der Westseite der Mauer füllt sich weiter. Auch an den Fenstern der Druckerei des Axel Springer Verlags stehen immer mehr Menschen. Inzwischen ist von Peter Fechter kein Flehen mehr zu hören – seine zuerst deutlich vernehmbaren Hilferufe sind schnell einem resignierenden Klagen gewichen und dann ganz verstummt. Hilflos harren viele West-Berliner auf der Charlottenstraße aus, es graut ihnen bei dem Gedanken, dass wenige Meter entfernt gerade ein Mensch stirbt und sie nichts tun können. Manche empfinden Scham. Ähnlich ergeht es den Augenzeugen auf der Ostseite. Und je länger die unsägliche Untätigkeit andauert, umso mehr kippt auf der Westseite die Stimmung. Immer häufiger, lauter und deutlicher hallt der Ruf »Mörder, Mörder« über die Mauer. Unter den aufgebrachten Zuschauern, die sich hinter den Polizisten halten, ist Dieter Beilig. Der junge Demonstrant vom 13. August hat die Schüsse in der nahe gelegenen Bundesdruckerei, in der er arbeitet, gehört. Er will sehen, was knapp dreihundert Meter weiter vor sich geht und hat unter dem Vorwand, er habe heftige Zahnschmerzen und müsse nach Hause, seine Schicht verlassen.

Derweil versuchen die Männer der IV. Grenzabteilung, wenigstens nicht noch mehr Beweisfotos für den »Grenzzwischenfall« entstehen zu lassen. Ein fluchtwilliger DDR-Bürger ist am helllichten Tag mitten in der Stadt niedergeschossen worden. Jeder Grenzer weiß, wie die West-Berliner Zeitungen darauf reagieren, und so müssen weitere Bildaufnahmen verhindert werden. Die Grenzer sehen den Kameramann Herbert Ernst und schleudern Tränengasbomben über die Mauer. Derlei lassen sich die West-Berliner Polizisten nicht bieten: Sie werfen die Granaten zurück. Polizeimeister Bergau bemerkt, wie sich hinter den Schießscharten im Erker des Hauses Zimmerstraße Nr. 72–74 etwas bewegt. Angebliche Augenzeugen der Schüsse gaben ihm Auskunft, dass aus diesem Erker auf den Flüchtling gefeuert worden sei. Zornig werfen Bergau und seine Kollegen einige Gasgranaten gezielt auf diesen Erker. Auch wenn sie die schmalen Öffnungen in der groben Vermauerung verfehlen, steigt das Tränengas dennoch vor dem Erker auf. Darauf hört Bergau Stimmen von der Ost-Berliner Straßenseite aus: »Hört auf, wir waren das nicht!« und »Wir haben doch nichts gemacht!« Die Wut der West-Berliner Polizisten ist verraucht, denn mit Tränengas helfen sie dem verletzten DDR-Bürger auch nicht.

Nicht nur durch die Fenster der Springer-Druckerei wird die Szene von erhöhter Position aus beobachtet. Schräg gegenüber steht auf Ost-Berliner Seite Hertha Kalk im Chefzimmer des Büros für Urheberrecht in der Zimmerstraße 65, Ecke Markgrafenstraße seit einiger Zeit ebenfalls am Fenster. Als die Schüsse fielen, hat die Chefsekretärin die Akten, die sie gerade ordnete, fallen lassen, und ist sofort ans Fenster getreten. Als Erstes hat die 49-Jährige auf West-Berliner Seite einen Mann schemenhaft und im Zickzack wegrennen sehen. Dann fiel ihr Blick auf die Mauer, wo sie eine liegende Gestalt entdeckte. Hertha Kalk hörte sein Flehen: »So helft mir doch, helft mir doch!« Von der anderen Seite der Mauer schallen wütende Rufe herüber. In der Redaktion der *Neuen Zeit*, die im Verlagshaus Union ihren Sitz hat, machen mehrere Mitarbeiter ähnliche Beobachtungen. Obwohl der Chefredakteur des Parteiblattes der Ost-CDU bald die klare Weisung gibt, alle sollten von den Fenstern zurücktreten, schauen einige weiter hinaus.

Dazu gehört auch der Fotograf Dieter Breitenborn. Der 26-Jährige kommt gerade von einem Termin im Ost-Berliner Tierpark zurück in die Redaktion, als ihm gegen halb drei Uhr nachmittags die seltsame Stimmung vor dem Haus auffällt. Er sieht einen Grenzposten flach hinter der Fahrzeugsperre auf der Straße liegen und drückt, ohne nachzudenken, auf den Auslöser seiner Kamera. Der Pförtner murmelt ihm zu, es seien »eine Menge Schüsse gefallen«. Breitenborn weiß, was das bedeutet: Es hat einen »Grenzzwischenfall« gegeben. Er rennt die Treppen hoch in sein Zimmer und reißt das Fenster auf. Von hier aus kann er die ganze Szenerie überblicken. Auf West-Berliner Seite sieht Breitenborn Streifenwagen, Uniformierte mit Gewehren und viele aufgeregte Zivilisten, die auf die Polizisten einreden. Auf der Ostseite entdeckt er weitere Grenzer, die in Deckung liegen. Der Fotograf schaut in die andere Richtung, zur Friedrichstraße. Am Checkpoint Charlie fallen ihm US-Soldaten auf, die betont teilnahmslos auf Posten stehen, als bekämen sie nichts mit von dem, was sich in ihrer Nähe abspielt. Den Grund dafür kann auch Breitenborn nicht ausmachen. Wieder und wieder schaut er an der Ost-Berliner Seite der Mauer entlang, doch erst nach einigen Minuten fallen ihm Füße auf, die hinter einer der Verstärkungen hervorragen.

Als Breitenborn gerade hinauf zu seinem Zimmer rennt, kommt der Volkspolizist Mularczyk an der Sektorengrenze an. Zwar hat die Ost-Polizei im Sperrgebiet vor der innerstädtischen Grenze keinerlei Befugnisse, aber der 24-jährige Hauptwachtmeister kennt sich aus: Bis vor wenigen Monaten hat er selbst als Feldwebel ganz in der Nähe der Zimmerstraße Dienst bei den Grenztruppen geschoben. Der breitschultrige und 1,90 Meter große Mann ist eine Respekt einflößende Gestalt, der glänzende Tschako auf seinem Kopf verstärkt diesen Eindruck noch. Seinen Streifenwagen vom Typ EMW stellt er an der Charlottenstraße ab und läuft ohne Zögern weiter zum Sperrgebiet. Seit den Schüssen ist etwa eine halbe Stunde vergangen.

Wenige Minuten später trifft Hauptmann Heinz Schäfer ein, dessen Fahrer den GAZ-69 auf Maximaltempo beschleunigt hatte. Rasch verschafft sich der 31-jährige Offizier einen Überblick, dann gibt er einen klaren Befehl: »Einnebeln!« Er fordert Mularczyk auf, ihn zu begleiten, und geht durch einen engen Durchlass im Stacheldraht direkt ins Sperrgebiet. Vom Ausländerübergang Friedrich-/Ecke Zimmerstraße nähern sich derweil zwei Gefreite der Grenztruppen. Horst Wurzel und Klaus Lindenlaub haben einen Entschluss gefasst: Sie wollen durch das Sperrgebiet zu dem Verletzten laufen und schauen, ob sie ihm helfen können. Ohne Order eines Offiziers dürfen sie das allerdings nicht, weshalb sie längere Zeit gezögert haben. Jetzt stoßen sie auf Mularczyk und Schäfer. Der Hauptmann befiehlt ihnen, den Verletzten zu bergen.

Langsam, ihre Kalaschnikows zwar auf den Asphalt gerichtet, aber doch feuerbereit in den Händen, rücken sie hintereinander im Schutz der Mauer vor. Die auf Schäfers Weisung geworfenen Nebelgranaten lassen dichte Schwaden über die Mauer ziehen. Binnen Kurzem erreichen Wurzel und Lindenlaub den Verletzten. Sie stellen fest, dass er noch lebt, und legen ihm einen Notverband an. Dann nimmt einer der beiden den schlaffen Körper auf und trägt ihn die wenigen Meter bis zur vermauerten Kreuzung Charlottenstraße, während der andere hinterhergeht und seinen Kameraden sichert. Sie legen den Verletzten direkt im Schatten der Mauer ab und winken Unterstützung heran. Mittlerweile kreist über der Szenerie ein US-Hubschrauber und verunsichert die DDR-Grenzposten zusehends.

Von seinem Fenster aus kann Dieter Breitenborn den Abtransport genau sehen. Er hat seine Kamera herausgenommen und dokumentiert, wie Wurzel und Lindenlaub vorrücken, wie sie sich über den Verletzten beugen und ihn in seine Richtung tragen. Der Fotograf ist allein im Zimmer und darauf bedacht, keinem DDR-Grenzer und keinem Kollegen aufzufallen. Der künstliche Nebel behindert ihn kaum, die Schwaden verziehen sich schnell. Er verfolgt, wie auf das Winken der beiden Grenztruppen-Gefreiten hin zwei weitere Uniformierte quer über das Sperrgebiet direkt bis an die Mauer gehen. Es sind Heinrich Mularczyk und ein weiterer Volkspolizist. Zu viert packen sie den Verletzten und tragen ihn so schnell wie möglich zum hinteren Stacheldraht. Damit verschwinden sie aus Breitenborns Blickwinkel.

Dafür sind sie jetzt von West-Berlin aus zu sehen. Herbert Ernst hat einige weitere Schwenks gedreht. Die Mauer ist ihm sehr vertraut, seine ersten Filmaufnahmen als Kameramann hat der gebürtige Berliner am 13. August 1961 gemacht, dem Tag des Mauerbaus. Die Nebelschwaden verraten ihm, dass gleich etwas geschehen wird. Ernst hastet über die Brachfläche zu einem der Podeste, auf dem schon zwei Polizisten stehen, schiebt sich an ihnen vorbei und hebt die Kamera. Genau im richtigen Augenblick. Denn Sekunden später rennen, genau auf seiner Linie, die vier Ost-Uniformierten mit Peter Fechter aus dem Schatten der Mauer über den Todesstreifen zum Zaun. Für wenige Sekunden ist zu sehen, wie die Grenzsoldaten Wurzel und Lindenlaub den leblosen Körper über den Stacheldraht heben. Auf der anderen Seite stehen Hauptmann Schäfer und Mularczyk, der bereits hinübergestiegen ist.

Auf einen solchen Moment hat auch Fotoreporter Wolfgang Bera gewartet. Auf seiner Leiter sitzend, hat er auf westlicher Seite der Charlottenstraße das Teleobjektiv auf seine Kamera geschraubt. Jetzt macht er das wichtigste Foto seines Lebens: Mit angsterfüllten Augen blickt Klaus Lindenlaub in Richtung West-Berlin. Horst Wurzel stützt den Kopf des Verletzten und hält seinen linken Arm. Heinz Schäfer dirigiert seine Untergebenen und sorgt dafür, dass Heinrich Mularczyk das Opfer übernehmen kann.

Der Volkspolizist, der in seiner Freizeit als Schwergewichtler boxt, trägt den 1,73 Meter großen, aber schmächtigen Fechter, als wöge er nichts, und steigt über die Fahrzeugsperre. In dieser Sekunde drückt Bera erneut auf den Auslöser. Mularczyk zwängt sich durch die Schlupföffnung im Stacheldraht und eilt am Stacheldrahtzaun vorbei auf die Charlottenstraße. Der hünenhafte Uniformierte läuft mit dem leblosen Peter Fechter in den Armen auch an den wenigen Zuschauern so nahe am Sperrgebiet vorbei. Einige weichen zurück. Es ist kurz vor 15 Uhr, eine gute Dreiviertelstunde ist vergangen, seit die Schüsse fielen. Ein zweiter Polizist tritt zu Mularczyk, fasst mit an, dann fallen sie gemeinsam in den Laufschritt – so rasch es geht heraus aus dem Grenzgebiet, aus dem Sichtfeld westlicher Kameras.

Den ganzen Abtransport filmt Herbert Ernst. Die 44 Sekunden kurze Sequenz sind die ersten bewegten Bilder überhaupt, die vom Abtransport eines Opfers der Berliner Mauer gemacht werden.

Auch Renate Pietsch und Wolf-Dieter Zupke sehen dem Abtransport zu, sie sind ein Stück die Charlottenstraße hochgegangen und können so die Schützenstraße einsehen, in der ein normales Polizeifahrzeug steht, kein Krankenwagen. Beiden fällt auf, dass der Verletzte wie tot wirkt. Sie bemerken, wie er hinten regelrecht auf die Ladefläche geworfen wird, dann fährt die Funkstreife mit dem Kürzel »Toni 1« los, so schnell wie möglich. Ziel ist das Krankenhaus der Volkspolizei an der Scharnhorststraße. Hierher werden alle Verletzten gebracht, die bei einem Fluchtversuch an der innerstädtischen Grenze gescheitert sind. Um 15:08 Uhr trifft der Polizeiwagen in der Notaufnahme ein, der diensthabende Mediziner Robert Wabnitz registriert auf einen Blick, dass ihm ein Sterbender gebracht wird. »Moribund« notiert er auf dem Einlieferungsformular, »nicht mehr ansprechbar« und »Schnappatmung«. Die Pupillen sind »maximal erweitert«, die Haut ist blass und fühlt sich kalt an, ein Puls lässt sich nicht mehr fühlen. Wabnitz horcht seinem Patienten die Brust ab, doch auch so kann er keinen Herzschlag mehr feststellen. Nach zwei Minuten Untersuchung ist dem jungen Arzt klar, hier kommt jede medizinische Hilfe zu spät. Peter Fechter ist verblutet.

17. bis 31. August 1962
Zorn und Trauer

Mit dem Tod eines Menschen endet seine Geschichte nicht. Vor allem dann nicht, wenn sein Schicksal andere Menschen bewegt. Willy Brandt erfährt von den Schüssen auf Peter Fechter in Bonn, wo er mit Bundeskanzler Konrad Adenauer an diesem 17. August 1962 die Lage in Berlin bespricht. Der Regierende Bürgermeister erwartet mehr finanzielle Unterstützung von der Bundesregierung und eine »Eventualplanung«, falls die West-Alliierten ihr Verhalten den Sowjets gegenüber ändern sollten. Als Innensenator Heinrich Albertz ihn telefonisch vom blutig verlaufenen Fluchtversuch in Kenntnis setzt, kann Brandt ein aktuelles Beispiel für die Menschenrechtsverletzungen durch das Grenzregime der DDR anführen. Er bittet Albertz, ihn auf dem Laufenden zu halten.

Zunächst hatte der Innensenator gar nicht auf die Nachricht von Schüssen an der Zimmerstraße reagiert. Erst als Mitarbeiter ihm knapp eine halbe Stunde später die Umstände schildern, eilt er an den Tatort. Albertz lässt sich von seinen Beamten unterrichten und unterhält sich kurz mit Fechters Freund Helmut Kulbeik, der auf die Frage des Senators, warum sie die Flucht am hellen Tag gewagt hatten, antwortet: »Wir dachten, Frechheit siegt. Uns ist es ja auch gelungen, bis dicht an die Mauer heranzukommen.« Albertz fährt zurück in sein Büro und beruft eine Pressekonferenz ein.

Auf West-Berliner Seite des Tatorts harren einige Beobachter aus, darunter Dieter Beilig. Zwei Jugendliche erkennen ihn und fragen, wo denn sein Kreuz mit der Aufschrift »Wir klagen an« sei. Beilig macht sich auf den Weg zum Polizeirevier und bittet um die Rückgabe des Kreuzes, das er für einen gerade erschossenen Flüchtling an der Mauer aufstellen wolle. Nach Fechters Abtransport hatte jemand auf der Ost-Seite ein Schild mit der Mitteilung aus einem Fenster gehalten, dass der Angeschossene tot sei. Ein Auto bringt Beilig und das Kreuz, das durch das offene Schiebedach herausragt, zur Kochstraße zurück. Flankiert von den beiden Jugendlichen läuft Beilig auf die Mauer zu, DDR-Grenzer fotografieren die Szene. Er lehnt sein Kreuz an die Betonwand, um es dort zu befestigen. Doch ihm fehlt Werkzeug, außerdem befürchtet er, dass die Grenzposten es zu sich herüberziehen. Also leiht sich Beilig irgendwoher eine Schaufel, gräbt vor der Mauer ein Loch und verkeilt das Kreuz darin mit Steinen. Der Kommandeur der 1. Grenzbrigade, Oberst Gerhard Tschitschke, notiert den genauen Zeitpunkt: »Gegen 17:30 Uhr wurde festgestellt, dass auf gegnerischer Seite, vier Meter von der Mauer entfernt, gegenüber dem Tatort, ein Holzkreuz aufgestellt und Blumen abgelegt werden.«

Renate Pietsch und Wolf-Dieter Zupke stehen noch auf der Charlottenstraße, als sie von Männern in Zivil plötzlich barsch zum Mitkommen aufgefordert werden. Zupke fragt empört, was das soll, erhält aber keine Antwort. Weder der 19-Jährige noch seine 17-jährige Freundin haben bemerkt, dass eine Kollegin aus der Verwaltung der Union-Druckerei sie denunziert hat. Ohne Widerstand folgen sie den Männern, die sie für Stasi-Mitarbeiter halten. Da muss Renate Pietsch an ihren Vater denken, der erst vor wenigen Tagen aus dem Gefängnis gekommen ist. Der einstige Besitzer einer kleinen Druckerei hatte an der Mauer nach Fluchtmöglichkeiten für die Familie gesucht und war dabei aufgefallen. Sie fürchtet, ihr Vater bekomme nun wieder Ärger, und raunt ihrem Freund zu, ihn nicht zu erwähnen. Sie wird umgestoßen und verletzt sich dabei am Kopf, die Männer wollen verhindern, dass das Pärchen sich untereinander absprechen kann. Getrennt werden sie zum Ost-Berliner Polizeipräsidium in die Keibelstraße gefahren.

Davon bekommt der Fotograf Dieter Breitenborn nichts mit. Als die Grenzposten und die Volkspolizisten mit Peter Fechter aus seinem Blickfeld verschwunden sind, schließt er das Fenster in der Redaktion *Neue Zeit*. Gerade als er in die Dunkelkammer gehen will, betritt der Redaktionssekretär den Raum. Viele Kollegen ahnen schon länger, dass er für die Stasi arbeitet. Ohne einen Grund zu nennen, fordert der Spitzel: »Geben Sie mir den Film.« Breitenborn rückt in seiner Verblüffung die Aufnahmen sofort heraus.

In der Zwischenzeit ist Wolfgang Bera zur *Bild*-Redaktion geeilt, um seinen Film so schnell wie möglich entwickeln zu lassen. Auch Kameramann Herbert Ernst hetzt zum Büro von German Television News, damit seine Aufnahmen noch am Abend im Fernsehen gezeigt werden können. Seine Auftraggeber sind zufrieden, und Ernst freut sich über ein Honorar von 100 Mark sowie zwei Flaschen Whisky von einer Agentur, die Standbilder aus dem Film erwirbt.

Die Ost-Berliner Ermittler lassen keine Zeit verstreichen: Die Mordkommission nimmt ihre Arbeit auf, deren Chef Hans Werner Zlab den Fall unter der Nummer 64 in sein Tätigkeitsbuch einträgt. Eigentlich ist das Grenzgebiet für die Ermittler tabu, doch wenn die Identität eines Toten unbekannt ist, werden sie von der Grenzpolizei hinzugezogen. In der Arbeitskleidung Fechters haben sich keine Hinweise auf seine Identität gefunden. So kann die Aufklärungsabteilung des Ministeriums des Innern dem Ministerium für Staatssicherheit am Nachmittag lediglich berichten, es handele sich bei dem Toten »um einen ca. 22- bis 23-jährigen männlichen Jugendlichen, der keinerlei Ausweispapiere bei sich führte«. Später fügt jemand per Hand den Namen »Fechter« ein. Auch der Volkspolizist Heinrich Mularczyk hält das Vorkommnis im Tätigkeitsbuch fest, nachdem er in seinem Revier die blutbefleckte Uniform gewechselt hat. Damit scheint der Fall für ihn erledigt. Weder seine Vorgesetzten noch die Mordkommission wollen Näheres von ihm wissen. Gleich zwei Berichte fertigt Oberst Tschitschke an. In dem einen schildert er den »Grenzzwischenfall« und die sofort eingeleiteten Maßnahmen, etwa das Zumauern des Fensters, durch das Fechter und Kulbeik in das Grenzgebiet gesprungen sind. Den zweiten Bericht ergänzt er um die Verhaftung der Augenzeugen Pietsch und Zupke und erwähnt die Prämierung der Schützen Friedrich und Schreiber sowie der beiden Grenzposten Wurzel und Lindenlaub.

Obwohl Tschitschke das Vorgehen der Grenzposten lobt, nimmt er das Vorkommnis mit einer Zeile nur denkbar knapp in den offiziellen Tagesrapport auf, »um die Namen der Genossen geheim zu halten«. In der »Chronik« der Grenzbrigade wird der Mord an der Mauer als Erfolg verbucht: Durch »vorbildliches Verhalten und gute Feuerdisziplin« sei ein »Bandit« gehindert worden, die Staatsgrenze zu durchbrechen, »indem er durch Anwendung der Schusswaffe tödlich verletzt wurde«. Bedauern schwingt allenfalls im Schlusssatz des Eintrages mit: »Der zweite Verbrecher entkam.«

Auf der Gegenseite liefert der Todesfall Innensenator Albertz dagegen den Beleg für den »unerträglichen Zustand« West-Berlins. Vor Journalisten kündigt Albertz eine Sondersitzung des Senats und neue Verhandlungen mit den westlichen Stadtkommandanten an. Auf diese Weise entsteht der Eindruck, die Zögerlichkeit der Schutzmächte sei ein Grund für die Situation an der Mauer. So weit geht Willy Brandt nicht, der am Abend aus Bonn zurückkehrt, doch auch er zeigt sich betroffen: »Die Nachricht von dem neuen schweren Zwischenfall an der Sektorengrenze hat mich mit tiefer Erschütterung und Empörung erfüllt.« Die Abendnachrichten verstärken dieses Gefühl, denn sie zeigen die Aufnahmen von Herbert Ernst. Und als er sich seine Aufnahmen erstmals selbst anschaut, spürt der Kameramann ihre beklemmende Wirkung; beim Drehen hatte er nicht darüber nachgedacht, sondern sich auf Bildausschnitt, Schärfe und Belichtung konzentriert. Die Bilder wühlen eine größere Gruppe West-Berliner so sehr auf, dass sie an die Mauer laufen, um dort zu protestieren.

Am späten Abend, gegen 20:45 Uhr, kommt es zu einem Zusammentreffen zwischen einem West-Berliner Polizisten und einem DDR-Grenzoffizier. Die Mauer mag ein zementiertes, nahezu unüberwindbares Hindernis sein, eine laut gesprochene Anklage kann sie nicht aufhalten. Und so ruft auf West-Seite der Polizist: »Warum lasst ihr Eure Verwundeten so lange liegen? Ihr seid doch Deutsche und keine Russen. Ist Euch bewusst, dass das den Gepflogenheiten der Charta der Vereinten Nationen widerspricht? Ihr seid Menschen – ich verstehe das nicht.« Der Grenzrapport 229 hält die Anklage fest, verzeichnet aber keine Reaktion des DDR-Offiziers. Der Eintrag endet mit dem Verweis auf den West-Berliner Uniformierten: »Danach entfernte er sich wieder.«

In Ost-Berlin haben zu diesem Zeitpunkt Renate Pietsch und Wolf-Dieter Zupke die ersten Verhöre hinter sich. Pietsch wird unter anderem gefragt, wo sie die Kamera versteckt hat, mit der sie die Grenzposten habe fotografieren wollen. Zupke wird verdächtigt, die Flüchtlinge zu kennen und ihnen Tipps gegeben zu haben. Er bestreitet das und will wissen, ob seine Eltern informiert seien. »Ja, natürlich«, lautet die Antwort; tatsächlich aber hat niemand Vater und Mutter Zupke den Aufenthaltsort ihres Sohnes mitgeteilt. Am Abend schubsen und stoßen seine Bewacher ihn zur nächsten Befragung. Im Verhörraum erwartet ihn ein neuer Vernehmer, ein Zyniker, der die Verlobungskarten aus Zupkes Tasche in der Hand hält. Kalt lächelnd schaut er ihn an: »Na, das wird ja eine tolle Verlobungsfeier, wenn der Bräutigam nicht da ist.«

Gisela Geue sitzt bis zum Abend im Garten und wartet auf ihren Bruder, doch Peter kommt nicht. Ihr Ehemann Klaus und sie wundern sich, denken aber an nichts Böses. In den Nachrichten hören sie von einem Vorfall an der Grenze; dass es dabei um ihren Bruder geht und er gestorben ist, ahnt seine Schwester nicht.

Sie erfährt auch nicht, wie es spät am Abend an der Tür ihrer Eltern klingelt. Mitarbeiter der Kriminalpolizei und der Stasi verlangen Zugang zur Wohnung. Die ungebetenen Gäste durchwühlen alles und deuten an, der Sohn könnte auf der Flucht ums Leben gekommen sein. Offenbar haben Arbeitskollegen von Peter Fechter und Helmut Kulbeik auf der Baustelle gemeldet, dass beide nicht an ihren Arbeitsplatz zurückgekehrt waren. Am Ende der Durchsuchung fertigen die Ermittler ein Durchsuchungs- und Beschlagnahmeprotokoll an. Vermerkt werden die Uhrzeit: »0:10 Uhr« und das Ergebnis: »ohne Erfolg«.

Auch bei den Eltern von Helmut Kulbeik schauen Ermittler vorbei, durchsuchen die Wohnung und stellen unangenehme Fragen. Von einem Fluchtversuch ihres Sohnes zusammen mit einem Arbeitskollegen ist die Rede und davon, dass einer von ihnen ums Leben gekommen sei. Wer der Tote ist, lassen die Ermittler bewusst im Unklaren. Erst als sie die Wohnung verlassen, klären sie die Eltern Kulbeiks auf, dass ihr Sohn lebt.

Am 18. August ist Peter Fechters Tod das Thema Nr. 1 im Westteil Berlins; sein Name wird jedoch noch nicht genannt. Sämtliche Zeitungen berichten auf der Titelseite und zeigen die Aufnahmen von Bera oder Standfotos aus Ernsts Film. »Flüchtling niedergeschossen und sterbend liegen gelassen«, titelt die *Welt*. »Gestern 14 Uhr 12: Mord an der Mauer«, schreibt die *BZ*. Der *Tagesspiegel* wählt die Schlagzeile: »Unmenschlichkeit an der Mauer. Vopo ließ angeschossenen Flüchtling eine Stunde ohne Hilfe liegen«. Den Begriff »Unmenschlichkeit« verwendet auch der *Abend*. Die *Berliner Morgenpost* zitiert den Ruf des Opfers: »›Helft mir doch, helft mir doch!‹«, und fügt hinzu: »Vopo-Mörder ließen niedergeschossenen Flüchtling an der KZ-Mauer verbluten. Ulbrichts KZ-Schergen haben einen neuen Mord auf ihr Gewissen geladen.« Die emotional aufgeheizte Sprache entspricht der Stimmung. Im Ausland macht der Fall Fechter ebenfalls Schlagzeilen, selbst die *New York Times* berichtet. Die Zeitung *Morgenposten* in Oslo kommentiert sarkastisch: »In kommunistischen Systemen ist es eine gute Sache, Mitbürger niederzuschießen, die den Wunsch haben, von diesem System loszukommen.«

Im Gegensatz dazu schenken die DDR-Zeitungen dem Fall Fechter zunächst kaum Beachtung. Auf einer hinteren Seite druckt das *Neue Deutschland* am 18. August eine nur 17 Zeilen lange Erklärung des Innenministeriums ab, die nahezu alle Tatsachen verfälscht. Angeblich hätten »zwei flüchtende Verbrecher die Staatsgrenze der Deutschen Demokratischen Republik nach West-Berlin in der Nähe der Zimmerstraße gewaltsam zu durchbrechen« versucht, wobei sie von West-Berliner Polizisten aktiv unterstützt worden seien. Da die Flüchtenden auf wiederholte Aufforderungen und Warnungen durch Angehörige der Grenzsicherungsorgane nicht reagiert hätten, »musste von der Schusswaffe Gebrauch gemacht werden. Während einer der Verbrecher nach West-Berlin entkommen konnte, ist der andere seinen Verletzungen im Krankenhaus erlegen.« Um zu klären, wer die Flüchtlinge eventuell unterstützt hat, befragen Kriminalpolizisten früh um sechs Uhr auf der Baustelle Unter den Linden den Bauleiter und seinen Stellvertreter. Sie lassen sich die Spinde von Fechter und Kulbeik zeigen: Sämtliche Papiere und Kleidungsstücke sind noch da. Anzeichen auf eine »vorbereitete Republikflucht« gibt es nicht. Die Ermittler nehmen alles mit, dazu die Personalakten. Kulbeik ist inzwischen zur Dauerfahndung ausgeschrieben, ein Haftbefehl beantragt.

Gisela Geue erfährt durch ihre Mutter am frühen Morgen von Peters Tod. Dass er in den Westen fliehen wollte, kann sie nicht fassen, was jedoch nicht der einzige Schock bleibt: Noch am selben Sonnabendvormittag kommt eine Abordnung ihres Betriebes vorbei, der auf Außenhandel spezialisiert ist. Kaum haben sich die Kollegen gesetzt, eröffnen sie Gisela Geue: »Du brauchst nicht mehr zu kommen, Du bist entlassen. Der Betrieb distanziert sich von der Tat Deines Bruders.« Die Kündigung haben sie mitgebracht, sie ist vordatiert – offenkundig soll der Zusammenhang verschleiert werden. Gisela Geue unterschreibt, ihr bleibt keine Wahl.

Auch Peters Cousin Jürgen Remmert erfährt von dessen Schicksal. Remmert geht mit einer schwarzen Armbinde zur Arbeit, wo ihm die Parteisekretärin über den Weg läuft und fragt, was passiert sei. »Die haben meinen Cousin an der Mauer einfach abgeknallt«, antwortet Remmert patzig. Eine Stunde später wird er von Mitarbeitern der Staatssicherheit abgeholt. Allerdings ergibt das Verhör nichts, der Cousin hatte keine Kenntnis von den Fluchtplänen Fechters. Er darf wieder nach Hause. Ähnlich ergeht es Renate Pietsch. Ihren besorgten Eltern erzählt sie, warum sie die ganze Nacht nicht nach Hause gekommen ist. Bei der Entlassung haben die Stasileute ihr noch einen speziellen Abschiedsgruß mitgegeben: »Das ist ein Verlobungsgeschenk des Staates, das sollte Ihnen eine Lehre sein.« Wenige Stunden später kommt auch Wolf-Dieter Zupke frei. Er muss eine Erklärung unterschreiben, wonach er korrekt behandelt worden sei und Stillschweigen bewahren werde. Kaum daheim angekommen, bricht er die aufgezwungene Zusage und weiht seine Eltern ein. Fechters Leichnam ist unterdes im Gerichtsmedizinischen Institut der Humboldt-Universität obduziert worden, von Institutsleiter Otto Prokop persönlich. Im Sektionsbuch bekommt der Fall die Nummer 55.462. Ausführlich beschreibt Prokop in seinem Protokoll die Verletzungen, die durch einen einzigen Schuss verursacht worden sind – routiniert, wie es sich für einen versierten Pathologen gehört.

Auf der anderen Seite der Mauer weitet sich die Empörung bereits gegen Mittag zu öffentlichen Protesten aus. In der Sackgasse der Charlottenstraße skandieren rund 500 West-Berliner: »Mörder, Mörder«. Gegen 17 Uhr halten mehrere Hundert Menschen den Bus der Roten Armee auf, der jeden Tag um diese Zeit über den Checkpoint Charlie sowjetische Soldaten zur Wachablösung ans Ehrenmal im Tiergarten bringt. Es fliegen Steine, zwei Scheiben bersten. Nur in Begleitung zweier Funkstreifenwagen kann der Bus seine Fahrt fortsetzen. Gegen 23:50 Uhr stellt die Polizei ein Transparent mit der Aufschrift »Schutzmacht? Morddulder = Mordhelfer« sicher und nimmt die beiden Männer fest, die es tragen. Die simple Gleichung zeigt, dass sich die Wut nicht mehr nur gegen das SED-Regime richtet, sondern auch gegen die Schutzmächte. Ihr Zögern hat einen empfindlichen Nerv getroffen. Der *Tagesspiegel* kommentiert: »Im Kriege war es für Soldaten eine Ehrensache, Verwundete, die direkt vor der eigenen Stellung lagen, notfalls unter Feuerschutz zu retten. Es kam auch manchmal zur gegenseitigen Feuereinstellung, wenn es darum ging, Tote und Verwundete zu bergen. Sollte das, was selbst in Kriegen an Menschlichkeit möglich war, im ummauerten Berlin von 1962 nicht mehr möglich sein?«

Noch glauben Senat und die westlichen Alliierten, das Grollen und den offenen Protest verbal einhegen zu können. Am 19. August warnt Willy Brandt den Osten über das Radio: Niemand solle sich darüber im Unklaren sein, »dass es Grenzen dessen gibt, was wir zu ertragen vermögen«. Ein Sprecher der US-Mission versichert: »Wir bemühen uns, einen Weg zu finden, damit bei einer Wiederholung eines solchen Vorfalles den Opfern der ostdeutschen Brutalität geholfen werden kann.« Der US-Stadtkommandant Generalmajor Albert Watson schickt einen Brief an die Sowjets, in dem er von einem »Akt barbarischer Unmenschlichkeit« spricht. Abends gegen 22 Uhr versucht Brandt, etwa 5000 Menschen vor dem Rathaus Schöneberg von einem Lautsprecherwagen aus zu beschwichtigen. In den nächsten Tagen schon würden Maßnahmen ergriffen, »um solche schrecklichen Geschehnisse wie den Tod Fechters künftig unmöglich zu machen«. Zu den Ausschreitungen meint er, man helfe den Landsleuten im Osten nicht, »wenn wir die Existenz West-Berlins leichtfertig aufs Spiel setzen«. Deshalb beschwört er seine Zuhörer: »Lasst Euch nicht hinreißen, das macht der anderen Seite nur Freude.« Auf

Zwischenrufe wie »Handeln, handeln« oder »Das Maß ist voll« erwidert Brandt: »Ich will gern handeln, aber ich kann nur handeln in Zusammenarbeit mit unseren westlichen Freunden.«

Viele Zuhörer kann Brandt überzeugen. Sie brechen, zusammen mit Passanten und Kinobesuchern, zu einem eindrucksvollen Protestzug den Kurfürstendamm entlang auf, 20 000 Menschen marschieren in breiter Front untergehakt friedlich über die Straße. Ihre Ungeduld zeigt ein Plakat mit der Frage: »Wie viel Morde noch?« Andere sind enttäuscht, denn sie stellen sich die Reaktion der Verantwortlichen anders vor. In Briefen schlagen Bürger »energische Maßnahmen« vor, etwa den Befehl an West-Berliner Polizisten, Flüchtlingen Feuerschutz zu geben. Manche gehen noch weiter; am 20. August morgens rufen West-Berliner Bürgermeister Brandt zu: »Willy, wir brauchen Waffen!« Ein Geschäftsmann fordert, unverzüglich Maschinenpistolen und Schnellfeuergewehre zu beschaffen, dann würden Demonstranten, von US-Panzern unterstützt, die Mauer niederreißen. Leser der *Morgenpost* fordern, den Interzonenhandel zu stoppen und dem Osten keinen Pfennig Kredit mehr zu gewähren. Andere belassen es nicht bei Vorschlägen. Einige West-Berliner erstatten Strafanzeige gegen General Watson – wegen unterlassener Hilfeleistung mit Todesfolge. US-Soldaten werden in ihren Jeeps mit Steinen beworfen, ausgepfiffen, mit Fäusten bedroht. Da verlieren die Militärs die Geduld und treiben die Demonstranten mit aufgepflanztem Bajonett zurück. Erstmals seit Kriegsende kommt es in West-Berlin zu Handgreiflichkeiten mit alliierten Soldaten.

Die Polizei kann solche Zusammenstöße nicht verhindern, denn das Areal vom Checkpoint Charlie bis zum Ehrenmal im Tiergarten ist viel zu groß, um es komplett abzusperren. Außerdem gibt es zu viele Brennpunkte. So durchbrechen Gruppen vor allem Jugendlicher in der Köthener, der Stresemann- und der Wilhelmstraße sowie am Moritzplatz Polizeisperren, Steine fliegen. DDR-Grenzposten reagieren mit Wasserwerfern und Tränengas, und als West-Berliner Polizisten die Granaten wieder zurückwerfen, kommt es zu einem regelrechten »Tränengas-Duell«. Sogar der Verbindungsmann des Innensenators zur Polizei wird am Kopf getroffen. Die *Welt* stellt fest: »Selten war die Erregung der Massen seit dem 13. August 1961 so groß wie in diesen Tagen.« Wie vielseitig der Protest ist, dokumentiert das Ost-Berliner Polizeipräsidium akribisch. Hupkonzerte, Beschimpfungen von Posten, Luftgewehrattacken und Plakate gegen SED-Chef Walter Ulbricht mit der roten Aufschrift »Knallt doch erst mal euren Spitzbart ab« bewertet der Rapport als »Provokationen«. In die gleiche Kategorie gehört auch, dass irgendjemand acht druckfrische Exemplare der *BZ* über die Mauer wirft.

Willy Brandt und sein Innensenator weisen die Beamten an, hart durchzugreifen. Die Polizei errichtet rund um den Tatort eine einhundert Meter breite Sperrzone. Stacheldrahtrollen werden ausgelegt, Wasserwerfer bereitgestellt und die Einsatzkräfte verstärkt, Rekruten in Alarmbereitschaft versetzt. Der 20-jährige Hartmut Moldenhauer gehört zur 2. Abteilung der Bereitschaftspolizei und befindet sich erst seit dem 2. Mai 1962 in der Ausbildung. Der junge Beamte ist in der DDR aufgewachsen, im kleinen Ort Zarrentin im Sperrgebiet an der innerdeutschen Grenze. Angesichts der politischen Verhältnisse ist er mit seiner Familie zu Verwandten nach West-Berlin gezogen – noch vor dem Mauerbau. Deshalb kann er Peter Fechter verstehen; sein Schicksal interessiert Moldenhauer wie alles, was mit dem Osten zu tun hat. Doch auch die Kollegen ohne Ost-Vergangenheit beschäftigt und berührt der Tod des jungen Mannes. Mancher fragt sich, ob Fechter noch leben könnte, wenn man ihm rechtzeitig medizinisch geholfen hätte. Am Abend des 20. August wird Moldenhauers Einheit alarmiert und zum Checkpoint Charlie verlegt; es ist sein erster Einsatz überhaupt. Ihr Fahrzeug wird schon an der Siegessäule mit Steinen beworfen. In der Kochstraße sitzen sie ab, die Anweisung des Vorgesetzten ist unmissverständlich: »Gum-

Die größte Abonnementzeitung in Berlin

BERLINER MORGENPOST

750231

Nr. 191 / Jahrg. 65 Preis: 20 Pf / Ausw. 25 Pf * ÜBERPARTEILICH BERLINER ANZEIGER UNABHÄNGIG * Berlin · Sonnabend, 18. August 1962 / A 1707 A

„Helft mir doch, helft mir doch!"

Vopo-Mörder ließen niedergeschossenen Flüchtling an der KZ-Mauer verbluten

Eigener Bericht

Berlin, 18. August

Ulbrichts KZ-Schergen haben einen neuen Mord auf ihr Gewissen geladen. Mit ihren Maschinenpistolen beschossen sie gestern nachmittag einen 18jährigen Ostberliner, als er die fast zwei Meter hohe Schandmauer fast überwunden hatte. Schwer verwundet fiel der Flüchtling auf die östliche Seite der Mauer zurück. Dort blieb er 80 Minuten lang liegen, ohne daß ihm eine Hilfe zuteil wurde. Auf westlicher Seite hörte man seine Schreie: „Helft mir doch!" immer wieder ertönen, bis er verstummte. Vopos trugen ihn schließlich weg. Kurze Zeit später war er tot.

Das Verbrechen geschah um 14 Uhr 05 an der Kreuzberger Sektorengrenze, wo zwei Ostberliner zwischen der Charlotten- und der Markgrafenstraße nach West-Berlin flüchten wollten. Nur einer von ihnen erreichte die Freiheit.

Er berichtete, daß es sich um eine Verzweiflungstat gehandelt habe. Sie hätten es nicht mehr ausgehalten und deshalb beschlossen, am hellichten Tage die Flucht zu wagen. Die beiden 18jährigen Betonarbeiter, die einer Baubrigade Unter den Linden zugeteilt waren, hatten sich zunächst in einem Grenzhaus versteckt.

Dann wagten sie den Sprung über den Todesstreifen, erreichten die Schandmauer und erkletterten sie. In diesem Moment peitschten die Schüsse auf. Einer der beiden Flüchtlinge konnte unverletzt in den Westen springen, den anderen trafen die Kugeln in den Rücken. Er stürzte zurück und fiel zwischen Stacheldraht und Panzersperren zur Erde.

Ohnmächtige Erbitterung

Eine halbe Stunde lang gellten seine Hilfeschreie über die Mauer. In ohnmächtiger Erbitterung standen dort die Westberliner, die Zeuge des Verbrechens geworden waren. Auf östlicher Seite kümmerte sich zunächst niemand um den aus mehreren Wunden blutenden jungen Mann. Verbandzeug, das ihm über die Mauer vom Westen aus zugeworfen worden war, half ihm nichts mehr. Er war schon zu schwach, um sich noch selbst versorgen zu können.

Statt sich um den Verwundeten zu kümmern, warfen die Vopos Tränengas- und Rauchbomben auf die empörten Westberliner.

West-Berlins Innensenator Albertz ließ sich wenig später von der Polizei über den Vorfall unterrichten. Unter dem Eindruck dieses Berichts erklärte er, es müßten sofort neue Verhandlungen mit den Alliierten aufgenommen werden. Er werde dem Senat am Dienstag entsprechende Vorschläge vortragen.

Die Amerikaner, die für diesen Teil der Grenze zuständig sind, waren unmittelbar nach dem Zwischenfall informiert worden. Sie schickten einen Jeep an die Mauer und ließen einige Zeit lang einen Hubschrauber über dem Tatort kreisen. Ein unmittelbares Eingreifen wurde von ihnen nicht erwogen.

Innensenator Albertz sagte vor Pressevertretern, er bedauere es, zu spät gekommen zu sein, sonst wäre er selbst mit einer Fahne des Roten Kreuzes auf die Mauer gestiegen, um dem Verwundeten zu helfen.

Wenige Stunden nach dem Vorfall hat das Pankower Innenministerium in einer Verlautbarung den 39. Mord an der Grenze zugegeben. In der Verlautbarung werden die Flüchtlinge als „Verbrecher" diffamiert. Einer von ihnen sei „entkommen", der andere sei nach dem Beschuß durch „Grenzorgane" im Krankenhaus gestorben.

Sofort beraten!

In einer ersten Stellungnahme erklärte der Regierende Bürgermeister nach seiner Rückkehr aus Bonn: „Mit Erschütterung habe ich von dem neuen Mord an der Sektorengrenze erfahren. Ich bin von Innensenator Albertz heute nachmittag sofort von dem Vorfall unterrichtet worden. Wir werden noch heute abend über die notwendigen Schritte, die wir zu unternehmen haben, beraten." (Siehe Leitartikel und Seite 3.)

So schleppten die Vopos ihr Opfer weg: Ohnmächtig, blutverschmiert, sterbend . . .

Brandt: Autobahnkontrolle kommt

Der „Regierende" sprach mit Adenauer und Clay

Eigener Bericht

Berlin, 18. Aug.

„Die Registrierung aller Interzonenreisenden, wie sie vom Berliner Senat vorgeschlagen worden ist, wird mit Bestimmtheit in Kürze in Kraft treten." Das erklärte gestern abend der Regierende Bürgermeister Willy Brandt nach seiner Rückkehr von einem eintägigen Bonn-Besuch der „Berliner Morgenpost". Brandt hatte in Bonn ein 90 Minuten dauerndes Gespräch mit Bundeskanzler Adenauer.

Nach dieser Unterhaltung, so erklärte Willy Brandt, bestehe nunmehr eine Übereinstimmung zwischen Bonn und Berlin in der Frage der Registrierung, die einen Überblick über Festnahmen von Reisenden auf den Interzonenstraßen ermöglichen soll.

Wie verlautet, ist bei den Besprechungen im Bundeskanzleramt, an der auch Bundesminister Krone und Berlins Bundessenator Schütz teilnahmen, deutlich geworden, daß die Bundesregierung dem Vorschlag des Senats reserviert gegenübersteht, die Schießereien an der Berliner Sektorengrenze vor Menschenrechtskommissionen der UN zu bringen.

Bei der Unterredung mit dem Bundeskanzler erneuerte Willy Brandt seinen Vorschlag, ein aus Mitgliedern der Bundesregierung und des Senats bestehendes Beratergremium zu bilden, das dazu beitragen soll, in strittigen Fragen zu einer schnelleren Übereinstimmung zu gelangen. Der Bundeskanzler soll diesem Vorschlag positiv gegenüberstehen.

Thema der Besprechungen waren auch die amerikanisch-sowjetischen Sondierungsgespräche über Berlin. Dabei kam zur Sprache, daß die Sowjetunion einen amerikanischen Vorschlag, eine ständige Konferenz über das Berlin- und Deutschland-Problem zu errichten, abgelehnt habe.

In der Nähe von Bonn ist der Regierende Bürgermeister gestern auch mit dem Berlin-Berater Präsident Kennedys, Lucius D. Clay, zusammengetroffen. Clay hält sich, wie berichtet, gegenwärtig zu einem privaten Besuch in der Bundesrepublik auf.

„Aktion Adler" beendet

Deutsche Presse-Agentur

Frankfurt, 18. Aug.

Nach zweieinhalbtägiger Dauer ist die von der Gewerkschaft der Eisenbahner Deutschlands (GdED) gestartete „Aktion Adler" gestern beendet worden. Der Hauptvorstand der Gewerkschaft erklärte nach mehrstündigen Besprechungen in Frankfurt, daß der Termin für die Beendigung der Aktion schon vor ihrem Beginn festgelegt worden sei.

Trotz mehrfacher Versicherung der Bundesbahnverwaltung, daß der Personen- und Güterzugverkehr durch die „Aktion Adler" kaum in Mitleidenschaft gezogen worden sei, äußerte sich der Hauptvorstand der GdED mit dem Verlauf der Aktion zufrieden.

Zurück an den Absender

Deutsche Presse-Agentur/AP

Bonn, 18. Aug.

Das Auswärtige Amt in Bonn hat gestern eine Note des Pankower Außenministeriums unbeantwortet zurückgeschickt. In der Note wird der Bundesgrenzschutz für den Zwischenfall an der hessisch-thüringischen Zonengrenze verantwortlich gemacht, bei dem am Dienstag ein Hauptmann der sowjetzonalen Grenzpolizei in Notwehr erschossen worden war.

Die sowjetzonale Note war am Donnerstag in einem Postkasten beim Pförtner des Auswärtigen Amtes gefunden worden. Der Brief trug keinen Absender. Sobald Absender und Inhalt festgestellt worden waren, wurde das Schriftstück entsprechend den bisherigen Gepflogenheiten unbeantwortet zurückgeschickt. Die Zonen-Nachrichtenagentur ADN hatte dagegen behauptet, die Protestnote sei von einem „Beauftragten des Ministeriums für auswärtige Angelegenheiten der DDR im Auswärtigen Amt der westdeutschen Bundesrepublik in Bonn übergeben worden."

Immer wieder Fluchtversuche

Associated Press/dpa

Braunschweig, 18. Aug.

Zwei Einwohner der Sowjetzone, die in den letzten 24 Stunden unabhängig voneinander versuchten, auf westdeutschen Lastwagen in die Bundesrepublik zu fliehen, sind beim Passieren des sowjetzonalen Kontrollpunktes Marienborn entdeckt und gefesselt abgeführt worden. Sie hatten sich zwischen der Ladung versteckt, ohne von den Fahrern bemerkt worden zu sein. Wie die zuständigen Dienststellen in Braunschweig gestern mitteilten, konnten die Fahrer der beiden Lastzüge nach einem längeren Verhör die Zonengrenze passieren.

Im gleichen Zeitraum gelang zwei Männern aus der Zone im Raum Helmstedt die Flucht über die scharf bewachte und durch Minenfelder und Stacheldrahtzäune gesicherte Zonengrenze.

Das Lübecker Kabinenmotorschiff „Nordland" nahm auf der Ostsee zwei junge Männer an Bord, die mit einem Boot aus der Sowjetzone geflohen waren.

Ungarn-Frage erneut vor die UN

Deutsche Presse-Agentur

New York, 18. Aug.

Erneut beantragten gestern die USA die Aufnahme der Ungarn-Frage in die Tagesordnung der Vollversammlung der Vereinten Nationen im September. Die sowjetischen und die ungarischen Behörden, heißt es in dem Antrag, hätten bisher keine Maßnahmen getroffen, um den UN eine Lösung der seit dem ungarischen Volksaufstand 1956 offenen Fragen zu ermöglichen. In keiner Weise sei bisher den Beschlüssen des Sicherheitsrates und der Vollversammlung nachgekommen worden.

Kursstürze

Eigener Bericht

Berlin, 18. Aug.

Gestern kam es an den Börsen zu Kursstürzen. Besonders Autowerte waren davon betroffen. Offensichtlich haben Gewinnmitnahmen die schwache Haltung eingeleitet. Kursverluste zwischen 10 und 20 Punkten traten auf. VW notierten 509. (Wirtschaft S. 8).

Die »Berliner Morgenpost« zitiert am Tag danach die flehenden letzten Worte Peter Fechters in der Schlagzeile.

Empörte West-Berliner, meist junge Männer, liefern sich in Kreuzberg Rangeleien mit der Polizei und demolieren sogar Fahrzeuge.

Die Wut mancher West-Berliner wendet sich gegen die Westalliierten, deren Soldaten dem Sterben Fechter tatenlos zugesehen haben.

Von einem Lautsprecherwagen herab versucht Willy Brandt, mäßigend auf die erregten Demonstranten einzuwirken. Das gelingt nur zum Teil.

miknüppel in die Hand! Das ist keine Lakritzstange, der ist zum Reinhauen da.« Hartmut Moldenhauer hört den Lärm an der Mauer und sieht Menschen, es sollen fast 3000 sein. Doch er hat Glück – er bleibt in Reserve und muss nicht »reinhauen«. Moldenhauer denkt: »Eigentlich hättest du auch auf der anderen Seite stehen können.« Aber er trägt nun einmal Uniform, für die Attacken auf seine Kollegen fehlt ihm jedes Verständnis. Bei den handgreiflichen Auseinandersetzungen werden 15 Beamte verletzt – ihre Blessuren reichen von Platzwunden am Kopf über Schürfwunden im Gesicht bis hin zur Magenprellung.

Wie aufgewühlt die Stimmung ist, berichtet IM »Otto Bohl«. Der Kriminalbeamte Karl-Heinz Kurras gehört zu den wichtigsten Quellen der Stasi bei der West-Berliner Polizei. Er verfasst einen Bericht und schickt ihn an eine Deckadresse der Stasi. Normalerweise trifft er sich mit einer Kurierin, doch der letzte reguläre Treff hat gerade erst am 14. August stattgefunden, der nächste ist für Mitte September verabredet. Um seinen Führungsoffizier dennoch schnell über die Innensicht der West-Berliner Polizei zu informieren, schickt der Spitzel ungeachtet des Risikos einen getippten Bericht, versteckt im Futter eines unverdächtigen Briefs. Kurras schreibt von der Erregung unter den Beamten, der Strafanzeige gegen General Watson und dass sogar Polizisten dieses Vorgehen gegen den obersten Repräsentanten der »Besatzer« unterstützen.

Am 21. August rollen zwischen 10:40 Uhr und 11:30 Uhr Lautsprecherwagen des Senders »Studio am Stacheldraht« entlang der Mauer, um an vier Stellen lautstark über die Umstände von Fechters Tod zu informieren, einschließlich der unterlassenen Hilfeleistung. Adressaten sind die Ost-Berliner auf der anderen Seite. Über die Lautsprecher wird ihnen auch die Meinung des West-Berliner Innensenators mitgeteilt, »dass der Mord nicht verheimlicht werden darf«. Die Zuhörer erfahren etwas über Zuschriften von Ost-Berlinern, die auf das Elend hinter dem »Eisernen Vorgang«

hinweisen, sowie über »wertvolle« Aussagen geflohener DDR-Grenzpolizisten und die Proteste Tausender West-Berliner gegen den Mord an Peter Fechter. Die DDR-Grenztruppen registrieren die Aktion in West-Berlin in ihrem Protokoll als »Hetzsendung«.

Es ist die Fortsetzung des »Berliner Lautsprecherkriegs«, der seit dem Mauerbau zum Alltag der Berliner gehört. Als Bundeskanzler Konrad Adenauer am 22. August 1961 nach West-Berlin kommt, um der Stadt seine volle Unterstützung zu versichern, wird seine ernste Ansprache vor dem Brandenburger Tor empfindlich gestört. Aus Lautsprechern der Ost-Grenzhüter dröhnt über die Mauer hinweg der Schlager-Hit des US-Musikers und Soldaten Gus Backus »vom alten Häuptling der Indianer«, versehen mit einem Schmähtext gegen Adenauer und den Berliner Bürgermeister Willy Brandt.

Der ordnet wenige Tage später die Gründung einer mobilen Propagandaeinheit in West-Berlin an. Name: »Studio am Stacheldraht« (SaS). Fortan fahren die VW-Bullis mit vergitterten Fenstern und Lautsprecherbatterien auf dem Dach nach einem strengen Zeitplan regelmäßig den Mauerverlauf ab, halten vor Ost-Grenzposten und verlesen live Nachrichten. Vor allem geht es darum, die Grenzposten davon abzubringen, auf Flüchtende zu schießen. So werden die Grenzer immer wieder gemahnt: »Mord bleibt Mord – auch wenn er befohlen worden ist!« oder: »Eure Schande wird um die ganze Welt gehen.« Dazu gehört auch, zu erinnern, dass Todesschützen eines Tages zur Verantwortung gezogen werden.

Die DDR lässt das nicht auf sich sitzen. Aus 190 Lautsprechern einer Einheit, die »Studio 13. August« genannt wird, schallen Schlager, Satiren über »Willy-Wein-Brandt« oder den »Sender Freies Baldrian«, dazu Warnungen an die West-Berliner vor angeblichen Kriegsplänen ihrer Regierung.

1962 ist auf West-Berliner Seite aufgerüstet worden, nachdem eine Feier des Deutschen Gewerkschaftsbundes am 1. Mai massiv durch die »roten Hugos« von der Ost-Seite gestört wird: Lautsprecherwagen bekommen Kräne, mit denen sich Lautsprecher bis zu zehn Meter in die Höhe hieven lassen, wodurch die Reichweite vergrößert wird. Am 28. Juni 1962 werden DDR-Grenztruppen beschallt, als sie in Berlin-Schönholz alte Grenzbefestigungen durch neue ersetzen. Alltag im »Lautsprecherkrieg«. Der Grund für die Beschallung am 21. August ist demgegenüber dramatisch.

Nach diesem Tag kehrt in West-Berlin urplötzlich wieder Ruhe ein. Zwar werden insgesamt 128 Personen kurzzeitig in Gewahrsam genommen, doch gibt es keine Straßenschlachten mehr. Als habe jemand einen Schalter umgelegt, ändert sich die Stimmung. Der Landesjugendring, der Ring politischer Jugend und der Arbeitskreis Studenten appellieren in einem gemeinsamen Aufruf, Disziplin und politische Reife zu zeigen. Die Gewerkschaft ÖTV bittet um Unterstützung der Kollegen von der Polizei bei ihrer »wenig beneidenswerten Arbeit«. Auf Transparenten steht nun: »Demonstriert gegen KZ-Wächter, nicht gegen Polizisten und Amerikaner!« Auch die Zeitungen schlagen besonnenere Töne an. So schreibt der *Tagesspiegel*: »Die Enttäuschung über die ausgebliebene Hilfeleistung an der Mauer darf nicht dazu führen, dass der Verbrecher vergessen wird, der das Leben von Peter Fechter auf dem Gewissen hat.«

Während die Anspannung nachlässt, wachsen die Verstimmungen auf der politischen Ebene. Offiziell findet die Bundesregierung klare Worte: Fechters erschütterndes Schicksal unterstreiche erneut die Tragik der Teilung Deutschlands und belege die Unmenschlichkeit Ulbrichts. Alle Schandtaten an der Mauer würden festgehalten, wer zur Ermittlung der Fechter-Mörder beitragen könne, solle sich melden. Die Bundestagsfraktionen äußern ebenfalls Solidarität mit den Opfern des SED-Regimes. Intern beklagen sich jedoch immer mehr Politiker, Brandt und sein CDU-Stellvertreter Franz Amrehn ließen »sehr viel Verständnis für die Randalierer« erkennen. Der Senat scheine der Ansicht zu sein, die

Volksseele solle zwar nicht »überkochen«, müsse aber am »Kochen« gehalten werden. Dem Regierenden Bürgermeister wird das nicht gerecht, denn er will zwar die Not Berlins hinausrufen, zugleich aber Moskau keine Argumente liefern, den Status quo zu ändern. Aber Brandt weiß auch, wie er die Bundesregierung aufscheuchen kann. So fordert er, die »Schande der Mauer und alles, was damit zusammengehört, vor die Menschenrechtskommission der Vereinten Nationen« zu bringen.

Konrad Adenauer ist zufrieden, als der Bonner Botschafter der USA, Walter Dowling, ihm am Abend des 20. August berichtet, mit Zustimmung der Engländer und Franzosen werde am Übergang Friedrichstraße ein Sanitätswagen der Alliierten stationiert. Sollte sich ein solcher Zwischenfall wiederholen, würden uniformierte Sanitäter mit Rotkreuzarmbinden versuchen, dem Opfer zu Hilfe zu kommen, wenn man sie ließe. Der Bundeskanzler bittet den Botschafter, diese Pläne möglichst bald der Öffentlichkeit mitzuteilen. Tatsächlich steht am folgenden Tag am Checkpoint Charlie ein Ambulanzwagen, dessen Auftrag allerdings begrenzt wird: Die Sanitäter sollen verletzten Personen im Grenzstreifen zu Hilfe kommen, sie jedoch nicht auf West-Berliner Gebiet bringen. Ist eine Versorgung vor Ort nicht möglich, müssen sie in ein Ost-Berliner Krankenhaus eingeliefert werden. In Washington wächst offenbar die Sorge vor weiteren Konfrontationen mit den Sowjets, was die Kritik der Zeitung *Evening Star* an den wiederholten Übergriffen der West-Berliner auf sowjetische Fahrzeuge zeigt. Die Sowjets haben schließlich mit gepanzerten Fahrzeugen die Durchfahrt ihrer Wachablösung zum Ehrenmal erzwungen. »Eine mögliche Konsequenz ist ein Krieg, und wir glauben nicht, dass es dem Straßenpöbel erlaubt sein sollte, uns in einen Krieg zu verwickeln«, schreibt der *Star*.

Die Kriegsangst mag übertrieben sein, doch die Vorfälle in West-Berlin kommen den Sowjets gelegen. Sie wollen den Status der Viermächtestadt ändern und Ost-Berlin formal in die DDR eingliedern – weshalb sie am 20. August das Angebot der Amerikaner zu Vierergesprächen ausschlagen. Auch ein Gespräch von US-Außenminister Dean Rusk mit dem sowjetischen Botschafter in Washington führt nicht weiter. Unbeeindruckt schafft Moskau Tatsachen: Am 22. August gibt das sowjetische Verteidigungsministerium die Auflösung seiner Kommandantur in Ost-Berlin bekannt. Neuer Stadtkommandant der »Hauptstadt der DDR« wird der NVA-General Helmut Poppe. Die Westmächte beraten über Gegenmaßnahmen, verzichten aber auf konkrete Beschlüsse. Für ihren ohnehin geplanten Vorstoß haben die Sowjets geschickt einen Augenblick höchster Spannung in Berlin gewählt, in dem die westliche Seite die brenzlige Lage weiter eskalieren müsste, um gegenzuhalten.

In Ost-Berlin hat sich inzwischen die SED-Presse auf das Thema Peter Fechter eingeschossen. Die *Berliner Zeitung* erinnert am 19. August in ihrem Kommentar an die drei bisher im Dienst getöteten Grenzpolizisten, die »ihr blühendes Leben« geopfert hätten: »Ihnen gilt unsere Liebe.« Die Schuld an der Zuspitzung liege bei den Westmedien und alten Nazis. »Die Frontstadtjournaille ruft die Frontstadtkanaillen zu neuen Provokationen. Sie hilft, allen voran Herr Springer, die Verbrechen zu organisieren.« Auf den Verleger Axel Springer zielt auch das *Neue Deutschland* in seinem Kommentar: »Wenn unsere wachsamen Grenzpolizisten solche schändlichen Untaten an unserer Staatsgrenze verhindern, stimmt die Westpresse im Chor ein albernes Geschrei an. Am Freitag haben unsere Grenzsicherungsorgane einen Provokateur auf frischer Tat ertappt und, als er auf Zurufe nicht reagierte, erschossen. Nun heulen Springer und Komplizen Krokodilstränen. Dabei wissen sie, dass auch dieser Tote auf ihr eigenes Schuldenkonto, auf das Konto der Frontstadtpolitik kommt.«

Besonders zynisch ist ein Radiokommentar des SED-Propagandisten Karl-Eduard von Schnitzler. Diebe, Polizeimörder und Agenten würden sich in der DDR verständlicherweise nicht wohlfühlen und die westliche Freiheit vorziehen. »Wer sich in Gefahr begibt, kommt darin um«, leitet er auf Fechter über. »Und wenn solch ein Element bei einem gewaltsamen bewaffneten Grenzdurchbruch unmittelbar an der Grenze verwundet und nicht sofort geborgen wird, dann ist das Geschrei groß.« Mit Verweis auf die ums Leben gekommenen DDR-Grenzposten schließt Schnitzler: »Ich möchte ganz unmissverständlich feststellen: Das Leben eines unserer tapferen Jungen in Uniform ist mehr wert als das von einem Dutzend Krimineller. Soll man von unserer Staatsgrenze wegbleiben, dann kann man sich Blut, Tränen und Geschrei sparen.« Einen Teil des Kommentars baut er in seine TV-Sendung *Der Schwarze Kanal* ein, die am 27. August ausgestrahlt wird – an dem Tag, als in Ost-Berlin Peter Fechter und in Westdeutschland der am 23. August schon auf West-Berliner Gebiet nach erfolgreicher Flucht erschossene DDR-Transportpolizist Hans-Dieter Wesa beerdigt werden.

Die Proteste in West-Berlin sind gleichfalls ein willkommener Anlass für die DDR-Ideologen, sich selbst als Opfer von Provokationen und den Regierenden Bürgermeister als deren Initiator darzustellen. Wiederum in der *Berliner Zeitung* heißt es etwa: »Mob der Ultras terrorisiert die West-Berliner. Banden randalieren Tag und Nacht. Bevölkerung von Angst ergriffen. Brandt kündigt Notstandsdiktatur an«. Die *BZ am Abend* polemisiert: »Von Brandt aufgeputschter Mob provozierte«. Und im *Neuen Deutschland* ist am 21. August zu lesen: »In West-Berlin herrscht das Chaos. Die politische Unterwelt ergreift Besitz von der Straße. Die Frontstadt, durch unseren antifaschistischen Schutzwall isoliert, beginnt in ihrem eigenen Gift zu ersticken.« Die These der »inszenierten Provokation« vertritt auch die Stasi in ihrem ersten Bericht über den Todesfall Fechter, der am 18. August verfasst wird und auf dem Tisch von SED-Sicherheitschef Erich Honecker landet. Unfreiwillig zeigt der Bericht zugleich, dass eher Desorganisation auf Ost-Berliner Seite der Grund für die Zuspitzung der Situation gewesen ist. Mehrere Mängel werden aufgezählt, die künftig zu vermeiden seien: Es habe ein Offizier im Grenzabschnitt gefehlt, der Maßnahmen zur Bergung hätte einleiten können. Außerdem habe der Rettungswagen an einer für Zivilisten einsehbaren Stelle geparkt, sodass DDR-Bürger den Abtransport sehen und »über den ganzen Vorfall in äußerst negativer Form diskutieren« konnten. Schließlich sollten unbedingt Möglichkeiten geschaffen werden, Verletzte schnell aus dem unmittelbaren Grenzgebiet zu entfernen – allerdings nicht aus humanitären Gründen, sondern »um dem Gegner keine Argumente für seine Hetze zu liefern«. Tatsächlich wird am 23. August befohlen, entlang der Grenze ständig Krankenwagen bereitzuhalten. Eine weitere Reaktion: Die Bewohner der Zimmerstraße Nr. 70, die Zeugen der Schüsse auf Fechter waren, müssen ihre Wohnungen zwangsweise räumen. Das Haus wird ebenso wie das »Fluchthaus« Monate später gesprengt.

Renate Pietsch und Wolf-Dieter Zupke gehen dagegen wieder ganz normal zur Arbeit. Die Betriebsleitung ist über ihre Verhaftung informiert worden, das »Vorkommnis« wird in der Personalakte vermerkt. Zupke habe zu Pietschs abfälligen Bemerkungen genickt, heißt es da, und sei deshalb verhaftet worden. »Trotz dieses Vorkommnisses« dürfe er »weiterhin in unserem Betrieb beschäftigt werden. Verwarnung ist durch die staatlichen Dienststellen und den Werksleiter erfolgt«.

Die Eltern Fechter müssen weitere Befragungen über sich ergehen lassen. Ihnen wird untersagt, den gewaltsamen Tod ihres Sohnes in irgendeiner Weise zu thematisieren. Zudem erhalten sie klare Vorgaben für die Beerdigung auf dem Friedhof der Auferstehungsgemeinde in Weißensee. Eine Todesanzeige ist unerwünscht, ebenso eine Bekanntgabe des Termins oder eine kirchliche Trauerfeier. Sprechen soll ein bei der städtischen Friedhofsverwaltung angestellter Redner, ein Herr Kärstens. Mit diesen Vorgaben geht Margarethe Fechter zum Bestattungsunternehmen Kadach & Maurer, einem Familienbetrieb, den Elsa Kadach leitet.

Ihre Enkelin Monika ist im Geschäft, als Frau Fechter den Laden betritt. Die 22-Jährige hat wie ihre Großmutter von Peters Tod gehört. Margarethe Fechter wird von einem unbekannten Mann begleitet, der sie wohl kontrollieren soll, mutmaßen die beiden Bestatterinnen. Peters Mutter ist zurückhaltend und vorsichtig, redet nur über die Abwicklung der Beerdigung, während ihr Begleiter aufmerksam zuhört. Margarethe Fechter entscheidet sich schließlich für einen dunklen Grabstein, auf dem in Gold ein Kreuz, der Name und die Lebensdaten ihres Sohnes zu lesen sein sollen – sowie zwei weitere Worte: »Allen unvergessen«.

Vergessen dagegen will Helmut Kulbeik. Er ist in der Einzimmerwohnung seiner Großmutter in Wedding untergekommen. Am 21. August schildert er der West-Berliner Polizei seine familiären Verhältnisse und beschreibt detailliert den Ablauf der Flucht mit Peter Fechter. Das viereinhalbseitige Protokoll endet mit der Bitte: »Mit der Presse will ich nichts zu tun haben.«

Kulbeik hat mitbekommen, welche Aufmerksamkeit ihr Fluchtversuch erregt. Das ist dem jungen Mann offensichtlich nicht ganz geheuer. »So eine Flucht ist kein Aushängeschild«, meint er.

Kulbeiks Eltern in Friedrichshain sind inzwischen über eine Deckanschrift informiert. Helmut hat an Bekannte geschrieben, die nur zehn Minuten entfernt wohnen, weil er befürchtet, dass Briefe an seine Eltern abgefangen und gelesen werden, vielleicht »verschwinden« könnten.

Die West-Berliner Behörden raten ihm, sich zu erholen und sich erst einmal um die Formalitäten in seiner neuen Heimat zu kümmern. Doch er hält die Ruhe nur knapp vier Wochen aus. Dann geht er zum Arbeitsamt und bekommt als Bauarbeiter sofort eine Anstellung.

Am 27. August 1962 findet um die Mittagszeit und bei Sonnenschein die Beisetzung von Peter Fechter statt. Seine Eltern, Gisela Geue mit ihrem Mann sowie die Remmerts vertreten die Familie. Die jüngere Schwester Ruth hütet zu Hause ihre siebenjährige Nichte Jutta sowie ihren wenige Wochen alten Neffen, Giselas Sohn. Auch die älteste Tochter der Fechters, Lieselotte Müller, fehlt. Obwohl sie in West-Berlin ein Telegramm mit dem Termin erhalten hat, geben ihr die Ost-Berliner Behörden als »Republikflüchtling« keine Einreiseerlaubnis. Am Tag der Beerdigung veröffentlicht die West-Berliner Zeitung *Der Abend* einen Brief ihrer Mutter aus Ost-Berlin: »Ich muss Dir mitteilen, dass Dein Bruder an der Mauer erschossen worden ist. Er war ein sehr guter Junge, und wir wären nie auf den Gedanken gekommen, dass er flüchten wollte. Du weißt, wie nahe er uns stand und was sein Tod bedeutet.«

Der Friedhof der Auferstehungsgemeinde ist von der Stasi komplett abgeriegelt, Fotografieren strengstens verboten. Zur Überraschung der Fechters sind viele Bekannte aus der Nachbarschaft und Arbeitskollegen gekommen – trotz der Präsenz der Sicherheitskräfte und des Verbots, die Beerdigung bekannt zu machen. Offenbar hat sich der Termin in Weißensee herumgesprochen. Rund 300 Menschen haben sich versammelt – eine ausgesprochen große Trauergemeinde und für die Familie ein kleiner Trost. Vor allem bewegt sie, dass sich Kollegen des Vaters nicht haben einschüchtern lassen. Und Peters Kollegen schicken immerhin einen Kranz. Der ausgewählte Trauerredner Kärstens verkündet in der kleinen Kapelle eine klare politische Botschaft. Die kritische Situation Berlins gleiche einem Berg, »auf dem bestimmte Wege für uns normale Menschen gesperrt sind, obwohl wir gern einen schönen Blick von einem höher gelegenen Punkt aus genießen würden«. Aber die Behörden wüssten, dass es gefährlich sei, solche Wege zu gehen. Sie hätten zu entscheiden, welche Wege für ihre Bürger gesperrt seien, »und wir müssen ihrem Urteil vertrauen«. Peter Fechter habe das nicht getan. Den Fluchtversuch nennt der Redner unüberlegt, und er behauptet, Fechters Kollegen hätten versucht, ihm die wahren Zusammenhänge in diesen schwierigen Zeiten zu erklären, was ihnen aber nicht gelungen sei.

Die Familie empfindet die Worte als Zumutung, lässt sich jedoch nichts anmerken. Die dargebotene Version entspricht sicher nicht ihrer Deutung des Fluchtversuchs, aber es soll die offizielle sein, dagegen können sie nichts ausrichten. Anschließend geht es in den hinteren Teil des Friedhofs, zum Garten XVI, wo an der Gartenstelle 28 das Grab ausgehoben ist. Der Trauerredner rezitiert zum Abschluss Goethe: »Über allen Gipfeln ist Ruh«.

Auf dem Rückweg kommt es zu einem Zwischenfall. Ein Unbekannter fotografiert die Familie, bittet Klaus Geue um ein Interview und bietet West-Zigaretten an. Geue lehnt ab. Der Fremde heißt Heinz Grimm, ist Bundesbürger und hat westlichen Zeitungen seine Dienste angeboten. Noch auf dem Friedhof wird er verhaftet, ebenso fünf westliche Journalisten, denen man wie Grimm die Filme wegnimmt. Alle werden über Stunden festgehalten. Als Grund wird ihnen erklärt, das Echo in der Weltpresse auf die Erschießung von Peter Fechter sei ein »unfreundlicher Akt« gegenüber der DDR gewesen.

Zwei Tage nach der Beerdigung vollzieht das *Neue Deutschland* eine bemerkenswerte Korrektur der bisherigen Sprachregelung. Peter Fechter wird nicht mehr als Verbrecher bezeichnet, sondern als »junger Bursche«. Diese Kehrtwende hat allerdings wenig mit Einsicht zu tun, vielmehr lässt sich auf diese Weise besser die Deutung lancieren, die West-Berliner Polizei, Journalisten und aufgeputschte Massen hätten durch ihr Verhalten die Bergung des Schwerverletzten verzögert. Dagegen erfährt die Öffentlichkeit nicht, dass sich einer der Schützen offenbart. Der Gefreite Erich Schreiber schickt seiner Freundin in augenscheinlich seelischer Not einen Brief, den die Militärzensur abfängt. Darin gibt er sich die Schuld am Tod Fechters. »Meine liebe Erika, nun schreibst Du, dass Du wissen wolltest, warum ich befördert worden bin. Es ist eine ernste Angelegenheit gewesen, die einem bestimmt nicht jeden Tag zustößt. Ich habe einen Grenzverletzer, der die Grenze von Ost nach West überqueren wollte, erschossen. Wenn Dich das stören sollte und Du mit einem ›Mörder‹ nichts mehr zu tun haben möchtest, spreche bitte, bitte mit niemandem darüber. Dein Erich«.

Gedanken über das Geschehen nach dem Tod Peter Fechters machen sich auch die politisch Verantwortlichen im Westen. Heinrich Albertz bekennt im *Spiegel*-Interview, mit einer so heftigen Reaktion nicht gerechnet zu haben. Fechters Tod habe die Ohnmacht des Westens demonstriert und die Bevölkerung desillusioniert. Das Bundesministerium für gesamtdeutsche Fragen erklärt am 23. August in einem vertraulichen Schreiben die Demonstrationen in West-Berlin »als Ausbruch des lang angestauten Hasses gegen die Absperrungsmaßnahmen in Berlin«, außerdem hätten die Menschen kein Vertrauen in die Schutzmächte, sie glaubten nicht an deren Standhaftigkeit. Auch habe die Bevölkerung anlässlich des Jahrestages am 13. August mehr Haltung von Bundesregierung und Senat erwartet. In dieser angespannten psychologischen Situation habe es zur Entladung der Wut »nur eines neuen Anstoßes« bedurft – und das sei der Mord an Peter Fechter gewesen.

Willy Brandt schließlich stimmt seine Parteifreunde in West-Berlin auf einen neuen Kurs ein. Zwar hat Kanzler Adenauer einen Brief an die vier Mächte entworfen, in dem er mit Verweis auf Peter Fechter Änderungen beim Grenzregime anmahnt – die Hilfe in Todesnot gehöre zu den elementaren Regeln menschlichen Zusammenlebens, und »einem jungen Deutschen wurde sie mitten in einer Großstadt der zivilisierten Welt vor unseren Augen verwehrt«. Doch zu spürbaren Sanktionen gegen die DDR kann er sich nicht durchringen, und Brandts Ansinnen, zu prüfen, ob die UN-Menschenrechtskommission sich mit der Lage an der Mauer befassen soll, schmettert das Bundeskabinett ab. Obschon Brandt das ärgert, zieht er dennoch ein positives Fazit. Die Empörung der West-Berliner sei ein gutes Zeichen dafür, dass sie sich »mit dem zu beklagenden Opfer an der Zimmerstraße identifizierten«, sagt er auf einem Treffen mit SPD-Funktionären. Gleichwohl zeige das Geschehen, politisches Wunschdenken führe nicht weiter, »juristische Spintisiererei« schon gar nicht. Es gehe um menschliche Erleichterungen und in diesem Zusammenhang um Verbesserungen im »Personenverkehr zwischen beiden Teilen der Stadt«. Denn, so der Regierende Bürgermeister Tage zuvor gegenüber der internationalen Presse: »Das Wohl der Stadt steht höher als der Hass gegen die Mauer. Die Mauer muss weg, aber bis dahin muss Berlin mit ihr leben.«

1962 bis 1990
Gedenken

»Allen unvergessen« – diese schlichten Worte auf dem Grabstein Peter Fechters in Berlin-Weißensee wirken wie Nadelstiche. Sie widersetzen sich fast trotzig der offiziellen DDR-Lesart, nach der Opfer der Staatsgrenze keiner Erinnerung würdig seien. Denn nicht nur die Hinterbliebenen fordert die Mahnung »Allen unvergessen« zum steten Gedenken an den Tod eines geliebten Menschen auf.

Im Ostteil der Stadt unterbinden die Mächtigen jedes öffentliche Gedächtnis an Peter Fechter. Auf der anderen Seite der Mauer jedoch beginnt das Gedenken bereits am Tag seiner Ermordung: Dieter Beilig hat noch am 17. August 1962 sein dunkel gebeiztes Holzkreuz so nah wie möglich an der Mauer aufgestellt und im Boden verkeilt, die Seite mit der weißen, etwas zittrigen Aufschrift »Wir klagen an« weist in Richtung DDR. Kaum steht das improvisierte Mahnmal, kommen die ersten West-Berliner mit Kränzen. Am folgenden Tag geht das weiter: »Gegen 8:40 Uhr erscheinen 15 Zivilpersonen und legen Blumen am Kreuz nieder«, vermerken die Volkspolizei in ihrem Tagesprotokoll sowie die 1. Grenzbrigade in ihrem Rapport für den 18. August. Um 10:25 Uhr zählen die eifrigen Beobachter bereits 100 Personen, »welche an dem schon erwähnten Kreuz Blumen niederlegten«. Gegen zwölf Uhr sind es dann 500 Menschen, die sich am Kreuz versammelt haben. Bevor die Lage eskalieren kann, spannen West-Berliner Polizisten etwa fünfzig Meter vor der

Mauer quer über die Straße ein Seil, drängen die Zuschauer zurück und lassen nur noch Trauernde durch, die mit Blumen zum Kreuz wollen. Zur Wut über das grausame Geschehen, die sich am Abend zuvor in ersten spontanen Protesten zu entladen begonnen hat, kommt mit der gleichen Intensität nun Betroffenheit über das Schicksal des jungen Ostdeutschen hinzu. Immer wieder lösen sich aus Demonstrationszügen gegen das SED-Regime West-Berliner heraus und gehen still zu dem Kreuz.

Dieter Beilig sucht »sein« Mahnmal am 18. August kurz nach 14 Uhr wieder auf. Noch berauscht von den Protesten in der Stadt, staunt er nicht schlecht, als er den Menschenauflauf in der Charlottenstraße sieht. Ihm schmeichelt, dass ihn die Polizisten erkennen und durchlassen, ohne zu zögern. Er will die Gedenkstätte ausbauen – doch haben damit zu seiner Überraschung längst andere begonnen. Beilig erfährt, dass sein Kreuz ausgegraben und neu verankert wurde, um es zu stabilisieren. Gegen 15:20 Uhr bringt ein Jugendlicher auf einem Handwagen ein zweites, viel kleineres Kreuz vorbei, das er neben dem von Beilig aufstellt. Es ist mit Stacheldraht umwickelt und trägt die Aufschrift »Wir sind doch alle Deutsche«. Beilig und andere Jugendliche haben aus alten Blechdosen Sammelbüchsen gefertigt und bitten mit Duldung der Polizei um Geld, »für ein Mahnmal«, wie auf einem kleinen Pappschild zu lesen ist. Allein an diesem Tag kommen mehrere Hundert Mark zusammen, die bei der Polizei deponiert werden, weil die Jugendlichen keine Sammelgenehmigung haben. Als es dunkel wird, brennen am Kreuz zwei Fackeln.

Auch in den folgenden Tagen strömen Hunderte zu dem Kreuz, mitunter schätzt die Ost-Berliner Polizei auf der anderen Seite der Mauer ihre Zahl auf bis zu 1500 Personen. Das macht auf West-Berlins Politiker Eindruck: Am 19. August sucht Bürgermeister Franz Amrehn das Mahnmal auf, das durch seine Schlichtheit wirkt; einen Tag später legt der Regierende Bürgermeister Willy Brandt zusammen mit seiner Frau Rut und Sohn Lars einen

Strauß nieder und spricht fünf Minuten. Der britische Botschafter in der Bundesrepublik, Sir Christopher Steel, kommt in Begleitung seines Stadtkommandanten Generalmajor Claude Dunbar am 22. August. Politiker aus Bonn wie Heinrich von Brentano, CDU-Fraktionschef im Bundestag, wollen die Peter-Fechter-Gedenkstätte sehen, und sogar der Präsident Madagaskars, Philibert Tsiranana, der auf Staatsbesuch in der Bundesrepublik weilt, begibt sich hierher.

Auch Lieselotte Müller, Peter Fechters Schwester in West-Berlin, kommt mit ihrem Mann vorbei und legt einen Kranz nieder. Auf der Ost-Seite notieren die Grenzposten in ihrem Rapport penibel den Text auf der Kranzschleife: »Im stillen Gedenken Deine Schwester Lilo, Dein Schwager Horst. Du wolltest in die Freiheit und musstest sterben.«

Inzwischen hat das Mahnmal sein Aussehen weiter verändert: Über die Brachfläche führt nun ein provisorischer Zugang. Fünf West-Berliner Polizisten haben den zwei Meter breiten Weg zunächst markiert und dann Schlacke darauf geschüttet, die zwei Lastkraftwagen herangefahren haben. Um das Kreuz hat die Polizei ein Seil im Viereck gespannt, an den Ecken gehalten von rot-weißen Pfählen, die von Straßensperren stammen. Zusätzlich hängt an einem langen Pfahl eine schwarze Fahne sowie ein Foto des niedergeschossenen Fechter. Kommt offizieller Besuch, stehen zwei Polizisten mit Gewehr über der Schulter Ehrenwache. Das ist außergewöhnlich. – Ähnliches gibt es bei keinem anderen Denkmal für ein Opfer der Mauer. So erhält zwar auch der 19-jährige Ost-Berliner Transportpolizist Hans-Dieter Wesa umgehend ein Mahnmal, der nur wenige Tage nach Peter Fechter am 23. August 1962 an der Bornholmer Straße von einem Wachkollegen erschossen wird, als er bereits West-Berliner Territorium erreicht hat. Selbstverständlich eilt Willy Brandt auch an diesen Tatort, und Innensenator Heinrich Albertz hält am 25. August bei der offiziellen Trauerfeier eine Rede. Natürlich löst der brutale Gewaltakt ebenfalls Abscheu in der Bevölkerung aus, Massenproteste hingegen bleiben aus. Auch eine offizielle Wache bekommt Wesas Denkmal nicht, was im Wesentlichen mit den Umständen des Todes von Fechter zu tun hat. Sein qualvoll langes Sterben unter den Augen der hilflosen Berliner Bevölkerung lässt die Unmenschlichkeit des Grenzregimes und der DDR-Machthaber, die es haben installieren lassen, so klar hervortreten wie bei keinem anderen Fall.

Der Umgang mit dem Vorfall ist am 6. September auch Thema im Abgeordnetenhaus, der ersten Sitzung nach der Sommerpause und damit nach dem Mord an Peter Fechter und Hans-Dieter Wesa. Parlamentspräsident Otto Friedrich Bach eröffnet die Sitzung mit dem Bekenntnis: »In einer Stunde erneuter Spannungen und unerträglicher Herausforderungen unserer Bevölkerung durch die Zonenmachthaber bekunde ich heute wie immer unseren unbeugsamen Willen, dass die Schandmauer fallen und Deutschland mit seiner Hauptstadt Berlin in Freiheit und Frieden wieder vereint werden muss.« Bach teilt dann mit, dass er im Namen aller Abgeordneten einen Kranz am Grab Peter Fechters niedergelegt habe. Dieser Blumengruß »sollte unsere Erschütterung über das symbolisieren, was sich immer und immer wieder ereignet hat. Wir gedenken derer, die den letzten Einsatz wagten, um in die Freiheit zu gelangen.« Der Präsident erinnert auch an diejenigen, die in der DDR »in Schauprozessen« für ihre Gesinnung verurteilt werden.

Anschließend gibt der Regierende Bürgermeister Willy Brandt eine Erklärung ab. Er schildert noch einmal das Geschehen nach dem 13. August 1962 und kommt auf die Proteste wegen des Mordes an Peter Fechter zu sprechen. Brandt macht gewisse »Elemente« dafür verantwortlich, dass die »berechtigte Empörung der aufgebrachten Berliner« für ihre Zwecke ausgenutzt werden sollte, ohne dabei ins Detail zu gehen oder Namen zu nennen. Er kritisiert »Unbesonnenheiten« wie Sprengstoffanschläge auf die

Grenzanlagen und Beschädigungen der S-Bahn, die der Senat auch in Zukunft verhindern wolle, weil sie der Sache nicht helfen. Gleichzeitig zeigt der Regierende Bürgermeister Verständnis für die Proteste: »Auch aus der Rückschau bejahen wir, dass die Berliner nach diesem Mord an einem jungen Arbeiter mitten in unserer Stadt nicht einfach zur Tagesordnung übergingen. Sie haben stellvertretend für alle Deutschen, für die, die in Freiheit leben, und für die hinter der Mauer, die Welt aufgerufen, sich nicht damit abzufinden, dass hier ungestraft gemordet wird.« Man habe die Proteste daher zunächst auch laufen lassen. »Den Ausbruch der Empörung schon im Anfangsstadium zu unterdrücken, käme – und das ist sehr milde ausgedrückt – einem Eingriff in das Recht der freien Meinungsäußerung freier Bürger gleich.«

Brandt informiert in seiner Erklärung darüber, dass das Internationale Rote Kreuz (IRK) mit dem Roten Kreuz der DDR eine Vereinbarung über Erste Hilfe für verletzte Menschen an der Mauer getroffen habe, »denen bisher sogar diese primitivste Selbstverständlichkeit, an die sich die ganze zivilisierte Menschheit gebunden fühlt, vorenthalten blieb«. Er weist darauf hin, dass der West-Berliner Senat das Kommuniqué im vollen Wortlaut veröffentlicht und sich nicht daran gestoßen habe, »dass das Wort ›DDR‹ darin ohne Anführungszeichen steht«. Man müsse die eigenen Regeln der Arbeit des IRK akzeptieren. Wer sich daran stoße, dass das Rote Kreuz der DDR durch das IRK mit dem der Bundesrepublik gleichgesetzt werde, dürfe die Arbeit der internationalen Hilfsorganisation nicht in Anspruch nehmen. Brandt zielt damit auf Kritiker dieser Entscheidung, die auf Beachtung der sogenannten Hallstein-Doktrin pochen. Dieses außenpolitische Prinzip Bonns wertet jede diplomatische Anerkennung der DDR als unfreundlichen Akt gegenüber der Bundesrepublik.

In der anschließenden Debatte im Abgeordnetenhaus begrüßt der CDU-Abgeordnete Egon Endres das Auftreten der West-Berliner nach Fechters Tod, die »ihre Empörung gegen die Unterdrückung des Rechts nicht auf papierne Proteste beschränkt sehen wollen«. Und sosehr er das Engagement des IRK begrüße, so sehr quäle es ihn, »dass es nun zwar möglich sein soll, den zerschossenen Flüchtling ärztlich zu versorgen, nicht aber den Terror und damit den Grund zur Flucht aus der Welt zu schaffen«.

Endres widmet sich weiter dem Status der Stadt und verlangt vom Senat eine klare Positionierung. Die Forderung der Sowjets, den Viermächtestatus allein für West-Berlin gelten zu lassen, müsse zurückgewiesen werden. Ebenso solle klar sein und bleiben, dass »Asyl« und »Asylrecht« im Umgang mit Flüchtlingen aus der DDR falsche Begriffe seien. »Die Freizügigkeit von Deutschen innerhalb Deutschlands ist ein garantiertes Grundrecht, an dem nicht zu rütteln und zu deuteln ist«, fordert Endres, der zugleich den SPD-Innensenator Heinrich Albertz dafür kritisiert, in einem Interview des Magazins *Spiegel* den Eindruck erweckt zu haben, »als sei die Freizügigkeit (…) infrage gestellt«.

Albertz räumt selbstkritisch ein, dass seine Äußerung möglicherweise missverständlich, aber es geradezu absurd sei, »ausgerechnet mir zu unterstellen, dass ich bereit sei, auch nur einen flüchtenden Deutschen gewaltsam dem anderen Teil Deutschlands zurückzustellen«. Andererseits, und hier macht Albertz sich die Argumentation von Willy Brandt zu eigen, müsse man nach Wegen suchen, damit sich die Menschen in Ost und West wieder treffen können. Er habe immer wieder mit »unmittelbar geflüchteten Mitbürgern« gesprochen und immer genau an der Stelle, »an der sie unter Lebensgefahr bei uns eintrafen«. In diesen Gesprächen sei immer wieder deutlich geworden, »dass auch der Grund sie in die Gefahr und in die schreckliche Angst der Flucht hineingetrieben hat, dass sie irgendeinen nächsten Menschen sehen wollten«. Ausdrücklich betont der Senator, dass es nicht um die Anerkennung des »sogenannten Staatsgebildes DDR geht«.

Dies greift abschließend Willy Brandt in einer Erwiderung auf diese Debatte auf. Es gebe keinen Zweifel an der Gültigkeit und der Bedeutung des Viermächtestatutes. Auch bleibe es bei der politischen Forderung nach freien Wahlen in ganz Berlin und ganz Deutschland, man wünsche sich Freizügigkeit in Berlin und in ganz Deutschland, »aber bisher ist der Abstand so riesengroß zwischen der Freizügigkeit, die unser Recht ist, und dem Mauertod, der in Berlin die Realität kennzeichnet«. Und dann seien da noch die humanitären Aufgaben, zu der die Frage der Zusammenführung der Familien in Ost und West gehöre und damit die Frage, wie der Senat auf dem Boden der Rechtsstaatlichkeit und »unserer mitmenschlichen Verantwortung« Lockerungen im Personenverkehr erreichen kann.

Willy Brandt beendet seinen Beitrag mit einer Aufforderung an alle Angehörigen der bewaffneten Organe in der DDR. Man wisse gerade in einer Stadt wie Berlin, unter welchem Druck »diese Männer drüben sich befinden«, bei der Volkspolizei, der Grenzpolizei und bei der »sogenannten Volksarmee«. »Aber es hilft ja alles nichts, wir müssen sie bitten, wir müssen sie wirklich bitten, dass sie die Stimme ihres Gewissens nicht überhören dürfen. Wir müssen ihre Eltern, ihre Frauen, ihre Bräute bitten, ihnen in ihrem schweren Konflikt zwischen Befehl und Gebot zu helfen. Es gibt in Wirklichkeit nur einen Ausweg, wo immer möglich, die Befehle zu umgehen, durch die man Deutsche zu Mördern an Deutschen macht, und wo es gar nicht geht, vorbeizuschießen und vor allem sich nicht zu vergehen am Leben und an der Gesundheit derer, denen es nicht gelungen ist, den Weg zu den Verwandten oder zu den Freunden zu erreichen.«

So ein Verhalten hätten sich ganz sicher auch die Verwandten und Freunde von Peter Fechter von den DDR-Grenzpolizisten gewünscht, die am 17. August Dienst gehabt haben. Sie haben erleben müssen, dass zwischen dem Grundverständnis Brandts und der ideologischen Indoktrinierung der DDR-Bevölkerung sowie dem Druck des SED-Regimes, der Abstand – wie sich der Regierende Bürgermeister ausgedrückt hat – riesengroß ist. So tröstet sie auch das Schlusswort Brandts wenig: »Der Schießbefehl ist völkerrechtswidrig. Er verstößt gegen die Menschenrechte. Er verstößt sogar gegen die geschriebene Verfassung des Gebildes, das sich DDR nennt. Es ist also rechtens, diesen Schießbefehl zu umgehen.«

Einen Monat nach Fechters Tod wird sein Mahnmal von offizieller Seite plötzlich infrage gestellt. Die Demonstrationen und Ausschreitungen wecken bei Politikern Zweifel, ob es ratsam sei, wenige Meter vor der Mauer auf Dauer einen solchen Unruheherd zu dulden. Die hintere Begrenzung des Fechter-Mahnmals berührt DDR-Territorium, und wenn West-Berliner Polizei die Mauer vor erregten Bürgern schützen muss, ist das ein gefundenes Fressen für die SED-Propaganda. Gut vier Wochen nach der gescheiterten Flucht berät die Kreuzberger Bezirksverordnetenversammlung daher, ob man eine zentrale Stätte der Erinnerung errichten solle – im Viktoriapark, weitab von der Mauer. In den Ehrenhain auf dem Kreuzberg könnten auch ein Mahnmal für die Opfer des Volksaufstandes in der DDR am 17. Juni 1953 integriert und die Namen aller Maueropfer in Stein gehauen werden. Bezirksbürgermeister Willy Kressmann begründet die Idee: So begrüßenswert spontane Aktionen an den Orten der Morde auch seien, wäre es doch nicht gut, die Mauer mit Bäumen zu bepflanzen und mit Kreuzen zu säumen: »Sie soll weiter in ihrer brutalen Nüchternheit anklagen.« Ende September 1962 liegen dem Bezirksparlament die ersten Entwürfe vor, die ein junger, aus Dresden geflüchteter Bildhauer gestaltet hat. Wenig später bildet das Bezirksamt eine Kommission, der auch ein Vertreter des Axel Springer Verlags angehört. Diskutiert wird ein sechs Meter hohes Kreuz für die Opfer des 17. Juni sowie ein vier Meter breites Mahnmal aus Muschelkalk für die Opfer der Mauer, speziell für Peter Fechter. Dargestellt ist eine hinter der Mauer in die Höhe gereckte Hand, die von einer anderen ergriffen wird. Zeitungen berichten über Spenden aus der Bevölkerung.

Wochenlang wartet die Öffentlichkeit auf eine Entscheidung des Bezirksparlaments, realisiert wird schließlich nur das Denkmal für den Volksaufstand.

Für Bezirksbürgermeister Kressmann ist das eine seiner letzten Amtshandlungen. Schon länger ist Willy Brandt verärgert über seinen Genossen. Kressmann hat im Juni 1962 einen unsäglichen Auftritt in New York hingelegt. Vor geladenen Gästen hat er die Mauer als »Ergebnis der Politik des Ostens und des Westens« bezeichnet und den Waffengebrauch »von der einen wie von der anderen Seite« kritisiert. Zwei Wochen zuvor haben West-Berliner Polizisten bei der Flucht eines 14-jährigen Schülers das Feuer von östlicher Seite erwidert und dabei einen Ost-Berliner Grenzpolizisten getötet. Kressmann spricht in New York daraufhin von einem Dschungelkrieg an der Mauer und klagt, dass Vorfälle wie dieser der Aussöhnung mit dem Osten im Weg stünden.

Am 25. Oktober 1962 ist ein erneutes fragwürdiges Verhalten des Bezirksbürgermeisters Thema im Abgeordnetenhaus. Wenige Tage zuvor, am 19. Oktober, hat die CDU-Fraktion eine Große Anfrage gestartet »Betr. Mahnkreuze an der Mauer«. Die Fraktion will wissen: »Billigt der Senat die Anordnung des Bezirksbürgermeisters von Kreuzberg, Herrn Kressmann, der empörte und erschütterte Bürger daran hinderte, Mahnkreuze an den Stellen der Schandmauer zu errichten, an denen erneut Todesopfer zu beklagen sind? Hat der Senat diese oder ähnliche Maßnahmen angeordnet oder empfohlen?«

Hintergrund der Anfrage ist der gewaltsame Tod von Anton Walzer: Am 8. Oktober 1962 ist der 60-Jährige beim Versuch, nahe der Oberbaumbrücke durch die Spree nach West-Berlin zu schwimmen, von DDR-Grenzern erschossen worden. Walzer, der wie Peter Fechter aus Weißensee stammt, ist ein sogenannter »Rückkehrer« gewesen. Nach seiner ersten Flucht 1955 mit seiner Frau und den Kindern ist die Familie drei Jahre später wieder in die DDR gegangen, um der schwer erkrankten Schwiegermutter beizustehen. Walzer wird jedoch als »politisch unzuverlässig« eingestuft und drangsaliert, die Ehe zerbricht.

Nachdem Zeitungen über seinen Tod berichtet haben, erscheinen zwei junge Männer, ein westdeutscher Student und ein DDR-Flüchtling, nahe der Oberbaumbrücke mit einem selbst gezimmerten Kreuz, das an einen »unbekannten Toten vom 8.10.62« erinnern soll, so die Aufschrift. West-Berliner Polizisten unterbinden das Aufstellen des Kreuzes, als die beiden jungen Männer keine Bescheinigung des Tiefbauamtes vorweisen können. Der Student ruft daraufhin den Kreuzberger Bürgermeister Willy Kressmann an und bittet diesen um Genehmigung. Doch der SPD-Politiker lehnt ab – mit der Begründung: »Wir wollen keinen Friedhof an der Mauer.« Der persönliche Besuch des Studenten im Rathaus am folgenden Tag hat keinen Erfolg, stattdessen fällt wieder dieser Satz. Erst als sich weitere Bürger einschalten, gibt die Bezirksverwaltung nach.

Der CDU-Politiker Günter Dach will nun in der Sitzung am 25. Oktober im Abgeordnetenhaus vom Senat wissen, wie der Satz »Wir wollen keinen Friedhof an der Mauer« zu verstehen sei und ob die West-Berliner Regierung diese Aussage des Kreuzberger Bürgermeisters stütze? Dach selbst bezeichnet den Satz als falsch; wenn überhaupt, dann könne man den Satz, ergänzt um »Wir wollen keine Mauer«, den Machthabern im Osten entgegenhalten, »den wirklich Schuldigen«, und nicht einem Studenten, »der aus einem erschütterten Gefühl heraus« ein Holzkreuz hinstellen wolle.

Die Antwort gibt Innensenator Albertz. Er bezeichnet die Berichte über den Vorfall als unvollständig. Bürgermeister Kressmann habe das Ansinnen der jungen Leute auch mit dem Hinweis abgelehnt, die Kreuzberger Bezirksverordnetenversammlung plane, eine zentrale Gedenkstätte des Bezirks im Viktoriapark zu schaffen. Albertz nimmt das Bezirksamt in Schutz: Niemand dort wolle »solche Kundgebungen der Empörung und der Trauer aus der Bevölkerung« unterbinden. Der Senat vertrete die Ansicht, das Aufstellen von Kreuzen und anderen Gedenkzeichen an der Mauer durch Bürger oder freie Organisationen dürfe nicht behindert werden, »vor allem nicht durch irgendwelche bürokratischen Maßnahmen« wie die Einbeziehung des Tiefbauamtes. Es könne natürlich der Fall sein, dass man Initiatoren bitten müsse, ein Kreuz nicht direkt am Ort einer gescheiterten Flucht aufzustellen, sondern vielleicht »zehn Meter oder zwanzig Meter weiter«. So habe man etwa Einfluss auf die Entscheidung beim Kreuz für Peter Fechter genommen. Albertz spricht sich schließlich für einen zentralen Gedenkort aus und gegen einzelne Gedenkstätten in den Bezirken. Als Ergebnis der Aussprache zum aktuellen Fall habe der Senat jedoch festgelegt, dass Kreuze und Gedenkzeichen von Bürgern und freien Organisationen in die Obhut der Bezirke zu nehmen seien, »wenn eine anderweitige Pflege und Erhaltung nicht gewährleistet ist«. Und weiter: »Sind sie vom Verfall bedroht, können sie durch schlichte Gedenktafeln ersetzt werden.« Der SPD-Fraktionsvorsitzende Alexander Voelker unterstützt den Innensenator. »Solange in Berlin Akte der Unmenschlichkeit begangen werden, solange die Mauer steht, haben die Behörden diese Ereignisse, diesen Ausdruck der Anteilnahme zu respektieren.«

Im Fall von Bezirksbürgermeister Willy Kressmann ist diese Episode der berühmte Tropfen zu viel, der das Fass überlaufen lässt: Die eigenen Genossen in der Kreuzberger Bezirksverordnetenversammlung wählen ihn kurz vor Weihnachten 1962 ab.

Das Mahnmal für Fechter zwischen Charlotten- und Markgrafenstraße bleibt erster Anlaufpunkt für Politiker, Delegationen aus dem In- und Ausland, Touristen und Bürger. Viele sind neugierig und wollen sich selbst ein Bild von den Örtlichkeiten machen, die meisten jedoch möchten ihrer Betroffenheit Ausdruck verleihen. Dennoch wird es erst auf Druck der Öffentlichkeit hin zu einem dauerhaft würdigen Ort gestaltet. Als im November 1962 West-Berliner zum Volkstrauertag Blumen und Kränze niederlegen, finden sie das Mahnmal in einem beklagenswerten Zustand vor. Das Kreuz wirkt angegammelt, das schwarze Totentuch am Pfahl ist nichts mehr als ein zerrissener Lappen, die im Boden als behelfsmäßige Blumenvasen eingegrabenen Blechbüchsen und Gurkeneimer sind verrostet. Um die verwelkten Kränze und Blumen kümmert sich augenscheinlich niemand. Bürger beschweren sich beim Senat und mittels Leserbriefen an Zeitungen über die vernachlässigte Stätte. »Keine Hand regt sich, um dieses Grab – denn das ist diese Stätte an der Mauer geworden – für das Totenfest zu bereiten«, kritisiert *Die Welt*. Offenbar sind sich Senat und Bezirksamt uneins, wer für die Pflege zuständig ist.

Immerhin reagieren sie auf die Kritik. Wenige Tage nach den Beschwerden rückt ein Bautrupp an. Die Arbeiter ersetzen die provisorischen Eimer durch echte Vasen und reinigen das Kreuz. Das schwarze Trauertuch und die Seilumspannung werden ersetzt, Tannengrün auf den Boden gelegt. Die beauftragte Firma befestigt auch den Zugangsweg. Um das Gelände soll sich künftig das Kreuzberger Gartenbauamt kümmern; die öffentliche Hand kostet das zunächst keinen Pfennig, die anfallenden Kosten von etwa 1500 Mark werden mit den Spenden beglichen, die Dieter Beilig und andere gesammelt haben. Für ihren Einsatz müssen sich die Jugendlichen fast noch vor Gericht verantworten – wegen Verstoßes gegen das Sammlungsgesetz. Allerdings wird das Strafverfahren auf Vorschlag der Polizei wegen »Geringfügigkeit« eingestellt und das Geld, insgesamt rund 3500 Mark, dem Bezirksamt Kreuzberg überlassen.

Damit will sich Dieter Beilig nicht abfinden. Anfang 1963 plant er die Gründung einer Peter-Fechter-Memorial-Bewegung, nachdem er von einem »Hilfswerk Peter Fechter« in Westdeutschland gelesen hat, das sich um Flüchtlinge aus der DDR zu kümmern verspricht. Beilig möchte die Obhut für »sein« Mahnmal übernehmen und öffentliches Gedenken an den Toten organisieren; dafür könnte er das gesammelte Geld gut gebrauchen. Tatsächlich erhält

Beilig im Juli 1963 die Zulassung für seine Bewegung – ein Journalist hat ihm beim Formulieren der Satzung geholfen. Eine Ausstellung über Fechter und das DDR-Grenzregime hingegen scheitert ebenso kläglich wie die Organisation einer Demonstration im August 1963 zum zweiten Jahrestag des Mauerbaus. Die Behörden entziehen ihm die Zulassung, denn sie halten Dieter Beilig, der aus schwierigen familiären Verhältnissen stammt, nach öffentlicher Anerkennung strebt und schon wegen seiner Rauchbombenanschläge auf die Mauer verwarnt worden ist, für suspekt.

Den Namen Peter Fechter benutzen auch andere, allerdings wirklich fragwürdige Gruppierungen. In der Nacht zum 17. Juni 1963, dem zehnten Jahrestag des Volksaufstandes, explodiert im Ostteil am DDR-Außenministerium ein Sprengsatz, weitere Bomben am Roten Rathaus und am Gebäude des Generalstaatsanwalts werden rechtzeitig entschärft. Einen Tag später schickt eine »Widerstandsgruppe Peter Fechter Ost – I. A. Solidaritätsgruppe Peter Fechter« ein Bekennerschreiben an die *Bild*-Zeitung. Während im Westen der Verdacht aufkommt, die DDR-Staatssicherheit könnte die Anschläge selbst initiiert haben, lastet das SED-Regime die Aktion »revanchistischen Banditen« an, die aus West-Berlin eingedrungen seien. Diesen Verdacht greift die Stasi auf: Am 20. Juni schlägt die Hauptabteilung V/2 vor, eine fiktive Widerstandsgruppe, mit dem zuverlässigen IM »Otto« zu gründen. Sie soll die echten Attentäter anlocken, die, so die Logik des MfS, Unterstützer in der DDR haben müssten – schließlich haben als Zeitzünder der Sprengsätze Wecker aus ostdeutscher Produktion fungiert.

Einen tatsächlichen Bezug zu Peter Fechter hat im Frühjahr 1963 das Urteil gegen den Westdeutschen Heinz Grimm, der im April wegen seiner Fotos auf Fechters Beerdigung in Ost-Berlin mit drei Jahren Gefängnis bestraft wird. Die Urteilsbegründung: Grimm habe Nachrichten für westliche Stellen gesammelt.

Erst fast ein Jahr nach der Flucht knüpft Helmut Kulbeik wieder engeren Kontakt zu Gleichaltrigen. In der Kneipe *Togo-Eck* lernt er eine Clique kennen, der auch Susanne Schirmer angehört. Ihr gefällt seine Freundlichkeit, der 19-Jährige ist gesellig und humorvoll, bald schätzt sie auch seine Verlässlichkeit. Außerdem sieht Helmut mit seinen schwarzen Haaren attraktiv aus. Sie besorgt ihm ein Zimmer zur Untermiete, damit er aus der kleinen Wohnung seiner Großmutter ausziehen kann. Seine neuen Freunde wissen, dass Kulbeik aus dem Osten geflohen ist. Er hat erzählt, es sei eine spontane Entscheidung, fast eine Schnapsidee von Peter Fechter und ihm gewesen. Mehr aber berichtet er nicht, und die jungen Leute haben anderes im Kopf, als ihn nach Details zu fragen. Dass er seine Eltern und seine Schwester vermisst, können sie nachvollziehen und glauben trotzdem, dass er doch froh über die geglückte Flucht ist und unbelastet an die Zukunft denken will.

Als der erste Todestag Fechters näher rückt, stellt sich die Frage, ob und wie er begangen werden soll. Der Senat will eine Wiederholung der heftigen Proteste und unkalkulierbaren Übergriffe vermeiden und lädt Berliner Organisationen am 16. Juli 1963 zur gemeinsamen Beratung ein. Innensenator Albertz gibt die Richtung vor: Der Senat wolle still gedenken. Es sei keine Kundgebung beabsichtigt, weil kein verantwortungsbewusster Politiker eine glaubwürdige Rede halten könne. Niemand fragt nach, was Albertz genau meint – offenbar leuchtet sein Argument jedem ein, Kundgebungen gerieten erfahrungsgemäß zum Ausgangspunkt von Demonstrationen. Möglich seien jedoch Kranzniederlegungen durch öffentliche Vertreter, Ehrenwachen der Jugend und der Polizei an den Gedenkstätten – allerdings nur bis zum Einbruch der Dunkelheit. Auch »angemessenes Gedenken durch Rundfunk und Fernsehen« zählt Albertz auf und regt an, die West-Berliner aufzufordern, Briefe an Angehörige im »Ostsektor« und der »Zone« zu schreiben. Die Polizei werde Proteste unter Kontrolle bringen und Demonstranten auf jeden Fall von der Mauer fernhalten. Ein Vertreter der SPD gibt zu bedenken, der West-Berliner Bevölkerung müsse plausibel erklärt werden, warum auf eine offizielle Kundgebung verzichtet werde. Übereinstimmung gibt es am Ende nur darin, »maßvoll« zu gedenken.

Kurz nach neun Uhr am Morgen des 17. August 1963 legen der Regierende Bürgermeister Willy Brandt und der neue US-Stadtkommandant Generalmajor James H. Polk Kränze am Mahnmal nieder. Ihnen schließen sich Abordnungen der Parteien und anderer Organisationen an. Bürger dürfen bis 17 Uhr gedenken. Je zwei Angehörige der Bereitschaftspolizei und des West-Berliner Freiheitsbundes halten in dieser Zeit Ehrenwache, in den Schalen auf den Spitzen von vier schwarz umkleideten Pylonen brennt den ganzen Tag über Feuer. Die der Architektur des alten Ägyptens nachempfundenen viereckigen Säulen sind etwa fünf Meter hoch und überragen die Mauer um einiges. Auch Fechters älteste Schwester Lieselotte erscheint abermals mit einem Kranz für ihren Bruder. Bis zum Nachmittag werden fast 6000 Besucher gezählt. Sogar in den USA wird des Toten gedacht. Der Vorsitzende der Demokratischen Partei, William H. McKeon, schreibt, Fechter werde »für uns ein Symbol des ewigen Kampfes für eine demokratische Lebensordnung und ein unvergessenes Beispiel bleiben«.

Die West-Berliner Polizei achtet wie schon am 13. August penibel auf die Einhaltung des Demonstrationsverbots. Am Jahrestag des Mauerbaus hatte sich eine Gruppe von dreißig Personen am Denkmal versammelt, »Die Mauer muss weg!« gerufen und die Aufforderung der West-Berliner Polizei ignoriert, sich von der Grenze zu entfernen. Erst ein Platzregen konnte die Gruppe vertreiben. Nun, vier Tage später, ist das Areal weiträumig mit rotweißen Barrieren abgesperrt, die durch Stacheldraht verstärkt werden. Der U-Bahnhof Kochstraße bleibt geschlossen. Nur BVG-Bussen, Taxen und Pressefahrzeugen ist es gestattet, die Kochstraße zu benutzen; der restliche Verkehr wird umgeleitet. Anwohner müssen sich ausweisen, um durchgelassen zu werden. Die Bevölkerung nimmt dies keineswegs unwidersprochen hin. Am Abend löst ein Einsatzkommando der Polizei eine Gruppe von etwa acht-

Am 18. August 1962 wird der Kreuzberger Teil der Wilhelmstraße umbenannt – aber nur inoffiziell und provisorisch.

Peter Fechters Grab nach der Beisetzung am 27. August 1962 in Ost-Berlin. Die Stasi hat das Fotografieren eigentlich untersagt.

Die Familie hat einen schlichten schwarzen Grabstein ausgesucht. Vor allem Mutter Margarete Fechter verbringt viel Zeit auf dem Friedhof.

Bereits am Tag seines Todes wird das erste Mahnmal für Peter Fechter errichtet. Es ist Dieter Beiligs selbstgebautes, schwarzes Holzkreuz.

Propagandakrieg an der Mauer: Plakative Botschaften zeigen den DDR-Grenzern die möglichen Konsequenzen ihres Handelns.

Bei seinem Abschiedsbesuch in West-Berlin am 10. Oktober 1963 legt Bundeskanzler Konrad Adenauer einen Kranz am Fechter-Denkmal nieder.

Der erfolgreich geflüchtete Helmut Kulbeik genießt mit seiner Freundin Susanne Schirmer den Sommer in West-Berlin.

1967 heiratet das Paar im engsten Kreis. Das Foto zeigt die Braut mit ihrem Vater und den Bräutigam mit seiner Tante.

Vor der Eröffnung seines Berliner Verlagssitzes am 6. Oktober 1966 sucht Axel Springer das Fechter-Denkmal auf.

Es liegt in Sichtweite des großen Neubaus. Fortan pflegt der Verlag das Andenken des erschossenen Flüchtlings.

Im August 1978 erhält Axel Springer die American Friendship Medal. Bei der Übergabe erinnert er an deutsche Schicksale. Darunter ist Fechters Foto.

Kurz vor Weihnachten 1989 lässt sich Margarete Fechter daheim fotografieren – mit einem Porträt ihres Sohnes.

zig Demonstranten auf, die schweigend durch die Innenstadt läuft. Im Vergleich zum Vorjahr bleibt es jedoch ruhig.

Knapp zwei Monate nach Fechters erstem Todestag weilt am 10. Oktober 1963 Konrad Adenauer in der Stadt; es ist seine Abschiedsreise als Bundeskanzler. Im Plenarsaal des Schöneberger Rathauses wird ihm die Ehrenbürgerschaft West-Berlins verliehen. Zuvor legt er am Ehrenmal für Fechter einen Kranz nieder.

Auf der anderen Seite der Mauer, im Osten, wird weiterhin jedes öffentliche Gedenken unterdrückt, es muss im Stillen stattfinden, zum Beispiel in der Familie Fechter selbst. Sie hat nach dem Tod von Peter zunächst versucht, halbwegs normal weiterzuleben. Doch das ist nicht gelungen. Auch ein Jahr später leidet die Familie noch immer unter dem Verlust des einzigen Sohnes und der unverminderten »Fürsorge« des Staates. Stasi-Mitarbeiter sitzen scheinbar teilnahmslos mit einer Zeitung in der Hand auf den Bänken des Friedhofs und registrieren jeden Besucher am Grab. Unbekannte müssen sich ausweisen. Frisch gepflanzte Blumen sind am folgenden Tag oft herausgerissen oder ganz verschwunden. Ruth Fechter bekommt Probleme in der Schule, und Gisela Geue hat nach ihrer Kündigung weder eine Arbeit gefunden noch einen Platz für die Betreuung ihres Sohnes. Die Geues müssen allein vom Gehalt des Mannes leben. Vor ihrer Wohnung und jener der Eltern Fechter stehen Tag für Tag unbekannte Autos, deren Insassen beobachten, ob und was passiert.

Solche Schikanen lassen sich nur schwer ertragen. Die Familien feiern zwar weiter Geburtstage, doch es fehlt die Ausgelassenheit von früher. Wenn es geht, werden Gespräche über Peter vermieden, in ihren Gedanken aber ist er ständig präsent. Noch immer quält die Familien die Frage danach, warum Peter flüchten wollte, warum sie von seinen Plänen nichts bemerkt haben. Sie erinnern sich nicht, dass er sich über das Leben in der SED-Diktatur beschwert hätte. Natürlich hat er manchmal über die Enge in diesem Staat geklagt. Deswegen aber gleich alles stehen und liegen lassen?

Der Entschluss müsse spontan gekommen sein, trösten sich die Hinterbliebenen: »Da sagt einer von den Freunden: ›Komm, lass uns abhauen!‹ Wie das so kommt.« Doch wer könnte ihn angestiftet haben? Helmut Kulbeik? Die ohnmächtige Gewissheit, darauf keine zufriedenstellende Antwort finden zu können, belastet die Fechters zusätzlich. Trost sucht vor allem Mutter Margarethe auf dem Friedhof. Wann immer es geht, besucht sie Peters Grab. Sein Mahnmal kennt die Familie aus dem Westfernsehen.

Der SFB ist auch im April 1964 in der Zimmerstraße vor Ort, als DDR-Grenztruppen mit schwerem Gerät vom Checkpoint Charlie aus die alte Mauer auf einer Breite von fast vierzig Metern entfernen und eine neue Betonbarriere errichten – um etwa zweieinhalb Meter vorverlegt, bis fast genau an die eigentliche Sektorengrenze. In der Nacht zum 16. April, gegen 4:20 Uhr, werden die Arbeiten, zehn Meter bevor das Fechter-Mahnmal erreicht ist, eingestellt; in die Lücke zwischen alter und neuer Mauer kommt Stacheldraht. »Pankow will Kreuz für Peter Fechter abreißen lassen – weil es Ulbrichts Schandmauer im Weg steht«, schreibt die *Berliner Morgenpost* an diesem Tag in Erwartung weiterer Baumaßnahmen. Jedoch hat der Baustopp einen anderen Grund: Die DDR hat West-Berlins Polizei aufgefordert, die Absperrseile und die Steinplatten am Boden zu entfernen, weil sie der Vorverlegung der Mauer im Weg stehen. Innensenator Albertz indessen untersagt jede Veränderung am Fechter-Denkmal. So reißen Pioniere der Grenztruppen am Abend des 16. April selbst die hintere Umfriedung des Ehrenmals heraus, und gegen 21:30 Uhr lässt ein Kranwagen die Betonplatten der neuen Mauer auf der steinernen Umrandung des Mahnmals nieder. Kein Zentimeter darf verschenkt werden, lautet die Devise offenbar. An das Kreuz selbst, das auf West-Berliner Boden steht, trauen sich die Grenztruppen aber nicht heran.

Hunderte West-Berliner sind des Nachts herbeigeströmt, um zu protestieren. Rufe wie »Mörder« oder »Die Mauer muss weg« erschallen. Hell erleuchtet wird die Szenerie von den Scheinwerfen der westlichen Fernsehstationen und den Strahlern eines DDR-Schützenpanzers, der zugleich versucht, die westlichen Kameraleute und Fotografen zu blenden. Zu Zwischenfällen kommt es nicht, wohl aber zu einem rhetorischen Schlagabtausch zwischen einem Offizier der Volksarmee und einem West-Berliner Polizeibeamten. »Sie tragen die volle Verantwortung für das, was hier passiert«, giftet der Armeeoffizier und meint damit die Proteste. Der Kommissar erwidert, er könne keine Provokation von West-Seite aus feststellen. Der NVA-Offizier poltert zurück: »Ich nehme an, Sie wissen, wo die Staatsgrenze verläuft.« Die lakonische Antwort: »Sie hoffentlich auch.«

Mit der Korrektur rückt die neue Mauer, die aus acht übereinandergeschichteten dicken Betonplatten besteht, nun bis auf fünfzig Zentimeter an das Holzkreuz des Fechter-Mahnmals heran. Die neue Mauer ist zudem etwas höher als die alte. Der gewollte Effekt: Vom Osten aus ist das Kreuz nun fast vollständig unsichtbar. »Pankow schändet das Mahnmal für Peter Fechter« titeln am nächsten Morgen mehrere West-Berliner Zeitungen – eine Übertreibung, wenngleich die Aktion zeigt, wie sehr das Mahnmal die SED-Führung noch immer stört.

Dafür liefert sie noch im April 1964 einen weiteren Beleg. Unter mysteriösen Umständen gerät Dieter Beilig in die Fänge der Stasi. Im Westen wird vermutet, er sei nach Ost-Berlin entführt worden. In Stasi-Akten steht, Beilig sei in betrunkenem Zustand zum Grenzübergang am Bahnhof Friedrichstraße gefahren, habe sich bei der Passkontrolle gemeldet und erklärt, er wolle mit dem Ministerium für Staatssicherheit sprechen. Die folgenden Monate wird der Aktivist wieder und wieder verhört, mitunter zweimal am Tag und stets über Stunden hinweg. Ausführlich berichtet er über seinen Einsatz für Peter Fechter, wobei er dick aufträgt, aber keinen Zweifel lässt, dass er das DDR-Grenzregime und die Schüsse auf Flüchtlinge für unmenschlich hält. Mit dem Mahnmal habe er andere Menschen bewegen wollen, Stellung zu beziehen. Die DDR-Justiz wertet das als »staatsfeindliche Hetze«, mit seinen Anschlägen auf die Mauer habe Beilig zudem das »Vertrauen zur Arbeiter- und Bauern-Macht erschüttern« wollen. Auch die Gründung der Peter-Fechter-Memorial-Bewegung kommt zur Sprache, welche die Stasi natürlich als »staatsfeindliche Organisation« einstuft. Beilig wird zu zehn Jahren Haft verurteilt, und auf die Berufung der DDR-Staatsanwaltschaft hin wird die Strafe sogar auf zwölf Jahre verlängert. Zwei Jahre später kauft der Westen ihn frei, im Oktober 1966 wird er nach West-Berlin entlassen.

In diesem Jahr wechselt das Gelände, auf dem das Peter-Fechter-Mahnmal steht, den Eigentümer. Am 13. Juni 1966 berichtet die Polizeiinspektion Kreuzberg dem Innensenator, die Iduna Vereinigte Versicherungs-AG habe das Grundstück zwischen Markgrafen- und Charlottenstraße, einschließlich des Geschäftshauses an der Kochstraße, an das Verlagshaus Axel Springer verkauft. Der Verlag wolle auf dem Gelände ein Papierlager errichten. Zur Sprache kommen auch die bislang erlaubte kostenlose Nutzung des Geländes für die Gedenkstätte und der freie Zutritt für das Publikum. Der Axel Springer Verlag sichert zu, die Regelung könne fortbestehen. Über den Eigentümerwechsel und die Zusagen des Verlags informiert der Innensenator am 13. Juli den Regierenden Bürgermeister, betont aber, für weitere Maßnahmen der Verwaltung, »die für die Erhaltung der Gedenkstätte in absehbarer Zeit erforderlich werden können«, sei er nicht zuständig. Für die Polizei sei die Angelegenheit erledigt. Der Axel Springer Verlag dürfte aber sicherlich bereit sein, für eine Gedenktafel oder einen ähnlichen Ersatz der Gedenkstätte zu sorgen, so das Grundstück bebaut werde. Offensichtlich rechnet die Innenverwaltung damit, dass der Verlag das Fechter-Mahnmal trotz seiner Zusage abreißen lassen will. Genau das Gegenteil ist der Fall.

Axel Springer verabscheut die Mauer zutiefst, für ihn symbolisiert sie eine »bauliche Unmenschlichkeit«, und er hegt für den

Mut, die tödlich gefährlichen Sperranlagen zu überwinden, viel Sympathie. Erfährt er von Fluchtgeschichten, kümmert er sich mitunter persönlich um das Schicksal der Betroffenen. Bei Vorträgen erwähnt er Peter Fechter und andere Opfer, er mahnt Politiker in Briefen, solche Schicksale in der Tagespolitik nicht aus den Augen zu verlieren. Ähnliches gilt auch für seine Mitarbeiter. Am 28. November 1964 hat der Verleger sie daran erinnert, dass sie im neuen Verlagsgebäude in der Kochstraße einen Weg nach Deutschland gehen würden, »wenn man darunter versteht, dass es nicht lohnt, auf dieser Welt hohe Häuser für Zeitungen zu bauen, wenn man nicht eine Idee hat, die größer ist, als wir alle es selbst sind. Eine Idee, die heißt: Freiheit für alle Deutschen in einem Vaterlande mit der rechtmäßigen Hauptstadt Berlin und inmitten eines friedlichen Europa!«

Am 6. Oktober 1966 weiht Axel Springer das 19-geschossige Hochhaus in der Kochstraße ein. Zuvor legt er in aller Stille einen Kranz am Mahnmal nieder, das in Sichtweite des Verlagshauses steht. Für ihn ist Fechters Tod ein Symbol für den Freiheitswillen der Menschen in der DDR. Deshalb steht für ihn außer Frage, das Mahnmal bestehen zu lassen, zu erhalten und zu pflegen. Anfang 1967 verständigt sich der Verlag mit den Behörden über eine Umgestaltung des Grundstücks, weil darauf neben dem Papierlager auch ein Parkplatz entstehen soll. Deshalb müssen der Zugang zum Peter-Fechter-Mahnmal verlegt und der Beobachtungsstand hinter dem Mahnmal auf der Charlottenstraße, die an der Mauer endet, neu errichtet werden. Einen Unterstand mit Schießscharten will Springer ganz entfernen, »da das Postenhäuschen an der Charlottenstraße inzwischen mit einer Innenpanzerung versehen worden ist«. Die zuständige Polizeidirektion stimmt den Änderungswünschen zu – das Mahnmal bleibt.

Das öffentliche Gedenken an Fechter hat zu diesem Zeitpunkt viel von seiner Intensität verloren. Inzwischen schickt der Regierende Bürgermeister an Gedenktagen Vertreter zum Mahnmal. Die Kranzniederlegung am 13. August 1966 beispielsweise nimmt Verkehrssenator Otto Theuner vor. Und dennoch ist das Mahnmal weiterhin eine Anlaufstelle, für das Kuratorium Unteilbares Deutschland ebenso wie für die Vereinigung für deutsch-italienische Freundschaft oder eine katholische Jugendorganisation aus Irland. Derweil ist das Kreuz von Dieter Beilig durch ein neues, stabileres ersetzt worden. Es trägt keine Aufschrift mehr, dafür sind ein Bild des sterbenden Peter Fechter und eine kleine Tafel mit Erläuterungen angebracht. Wenn Kameramann Herbert Ernst beauftragt wird, zu Jahrestagen Aufnahmen von der Mauer zu drehen, fährt er wie selbstverständlich zum Fechter-Mahnmal, denn es gehört für ihn in jeden derartigen Film.

Äußerlich hat sich Helmut Kulbeik gut eingelebt in West-Berlin. 1967 heiratet er seine Freundin Susanne Schirmer. Kurz darauf fährt sie allein mit einem Passierschein nach Ost-Berlin, um die Familie ihres Ehemannes kennenzulernen und zu berichten, wie es ihm geht. Die Kulbeiks holen sie an der Friedrichstraße ab und begegnen ihrer Schwiegertochter freundlich. Susanne fährt noch einige Male in den Osten, bringt kleine Geschenke und Kleidung für die Kinder von Helmuts älterer Schwester mit. Bei einem ihrer Besuche teilt man ihr mit, ihr Mann sei wegen »Republikflucht« in Abwesenheit zu zehn Jahren Gefängnis verurteilt worden. Das Urteil und die Vergangenheit scheinen ihn nicht zu belasten, Helmut kann ausgelassen sein und fröhlich.

Umso überraschter ist Susanne Kulbeik, als sich ihr Mann 1969 schlagartig verändert. Sie ist krank, muss für einige Monate zur Kur und glaubt, Helmut werde allein zurechtkommen. Nach einiger Zeit aber melden sich Freunde bei ihr und berichten, dass Helmut nicht zu erreichen sei, sich herumtreibe, laute Feten in der Wohnung veranstalte und die Miete nicht zahle. Offensichtlich hat er auch seine Arbeit aufgegeben. Susanne ruft an, erreicht ihren Mann aber nicht und bricht schließlich die Kur ab. Daheim ist sie vom Zustand der Wohnung entsetzt: Um an Geld zu kommen, hat Helmut Teile der Einrichtung verkauft. Als er nach Wochen einmal vorbeikommt, stellt sie ihn zur Rede, doch er ist wie verwandelt, ein Fremder. Kulbeik kann selbst nicht erklären, was passiert ist. »Das kam von einem Tag auf den anderen«, sagt er. Einen konkreten Anlass habe es nicht gegeben. Susanne glaubt, er habe das plötzliche Alleinsein nicht ertragen. Er braucht wohl jemanden, der ihn an die Hand nimmt. »Das hat damit nichts zu tun«, wehrt Helmut Kulbeik ab. Dann gibt er zu: »Das waren die ganzen Umstände. Das mit der Flucht kam immer wieder hoch.« Die Flucht und der Tod seines Freundes, außerdem die erzwungene Trennung von Eltern und Schwester belasten ihn offenkundig doch stärker, als er zugegeben oder vielleicht auch sich selbst eingestanden hat.

Obwohl Susanne Kulbeik inzwischen schwanger ist, kühlt sich das Verhältnis zu ihrem Mann weiter ab. Helmut lässt sie immer öfter allein. Schließlich weiß sie sich nicht mehr anders zu helfen, als 1970 die Scheidung einzureichen – da ist der gemeinsame Sohn Gregor gerade wenige Wochen auf der Welt. Susanne zieht zurück zu ihren Eltern, doch nur einmal kommt Helmut vorbei, um Gregor zu sehen, der inzwischen etwa ein Vierteljahr alt ist. Weil er weiterhin seine Miete nicht zahlt, wird die ehemals gemeinsame Wohnung zwangsgeräumt. Freunde von Susanne helfen, die letzten Möbel abzutransportieren, und erleben eine Überraschung: An die Wände im Flur sind Zeitungsartikel über die Flucht und über Peter Fechters qualvollen Tod geheftet. Offensichtlich hat Kulbeik den 17. August 1962 eben doch nicht verarbeitet.

Was er nicht weiß: Die Ost-Berliner Justiz hat den Fall auch nicht vergessen, wie das Urteil 1967 gegen ihn zeigt. Erst im November 1972 wird der Haftbefehl gegen ihn aufgehoben. Mehr als zehn Jahre nach der Flucht. Gleichzeitig überwacht die Staatssicherheit die Post seiner Eltern – in Erwartung einer Kontaktaufnahme.

Am Fechter-Denkmal kommt es mittlerweile nur noch selten zu Auseinandersetzungen, 1971 etwa, als Demonstranten gegen den Aufmarsch von etwa 300 Rechtsextremisten vor dem Mahnmal protestieren. Als die DDR 1977 die Mauer entlang der Zimmerstraße noch einmal erneuert, bleiben Proteste aus. Auch Zwischenfälle wie 1982, als Unbekannte am 20. Jahrestag der Ermordung Fechters das Kreuz umstoßen und den Rahmen mit Wolfgang Beras Foto des Sterbenden herunterreißen, sind rar. Mitunter kommt allerdings überraschender Besuch zum Mahnmal. Als Monika Hennig vom Bestattungsunternehmen Kadach & Maurer aus Weißensee zum ersten Mal die Erlaubnis erhält, nach West-Berlin zu reisen und Verwandte zu besuchen, fährt sie an die Gedenkstätte für Peter Fechter: »Ich wollte das sehen.« Obwohl die Bestatterin täglich mit dem Tod zu tun hat, geht ihr Fechters langes Sterben nicht aus dem Gedächtnis.

Auch Axel Springer nicht. Im Vorwort zu seinem Ende 1971 erscheinenden Buch »Von Berlin aus gesehen«, einem Band mit gesammelten Reden, schildert der Verleger den Blick von seinem Schreibtisch im 19. Stock des Verlagshauses zum Mahnkreuz, das ihn jedes Mal an den Tod des jungen Bauarbeiters erinnert. »Keiner von uns durfte ihm helfen, keiner von uns durfte schweigen. Hier kam die Macht des Wortes zum Tragen.« Die Bedeutung dieses Sterbens, so Axel Springer weiter, »das sich fortgesetzt hat bis in diese Tage, millionenfach mitzuteilen, gegen das Furchtbare aufzubegehren, sich nicht abzufinden, Einspruch gegen die Gewöhnung an Gewalt und Unrecht zu erheben, sich nicht der eigenen Geborgenheit zu überlassen, mitzuleiden und die aus Wissen und Gewissen kommende Wahrheit zu sagen – das erscheint mir so selbstverständlich, dass ich Schweigen als Mitschuld empfände«.

In der West-Berliner Öffentlichkeit und weiten Teilen der Bevölkerung verhält sich das anders. Obwohl weiterhin DDR-Bürger die Flucht wagen, dabei verhaftet werden oder sterben, hat sich die Stimmung in den freien Sektoren der geteilten Stadt durch die Passierscheinabkommen und das Viermächteabkommen, die

Erleichterungen bringen, gewandelt. Gleichgültigkeit macht sich breit, immer öfter auch im Gedenken an die Maueropfer.

So erregt ein weiterer »Grenzübertritt« von Dieter Beilig kein großes Aufsehen, obwohl dieser ihn am 2. Oktober 1971 das Leben kostet. Gegen 9:15 Uhr klettert der inzwischen 30-Jährige am Brandenburger Tor auf die hier niedrige, aber besonders breite Mauer, läuft aufgeregt auf ihr entlang, ruft Parolen wie »Freiheit für Deutschland« und springt plötzlich, als sich West-Berliner Polizisten nähern und ihn auffordern herunterzukommen, in den Osten. Die verblüfften DDR-Grenzer nehmen Beilig fest und bringen ihn zum NVA-Führungspunkt im Gebäude der ehemaligen Akademie der Künste, um ihn zu verhören. Dazu kommt es nicht mehr. Unvermittelt springt Beilig auf und stürzt auf ein unvergittertes Fenster zu. Ehe er fliehen kann, schießt ihn ein Grenztruppenoffizier rücklings nieder. Ein Krankenwagen bringt Beilig zum Krankenhaus der Volkspolizei. Doch er ist längst tot. Um angesichts des erwarteten West-Berliner Protests behaupten zu können, Beilig habe einen Angehörigen der Grenztruppen entwaffnen wollen, bringt man nachträglich seine Fingerabdrücke auf der Tatwaffe an. Weil aber keine westliche Zeitung den Vorfall aufgreift, wird Beiligs Tod schlicht vertuscht; die genauen Umstände kommen erst nach dem Mauerfall ans Licht.

Weitere Schicksalsschläge muss auch die Familie Fechter einstecken. 1968 stirbt Heinrich Fechter mit nur 63 Jahren; er hat den Tod seines Sohnes nicht verwinden können, der ihn noch stiller gemacht hat. Für seine Frau Margarethe ist das ein Verlust, der sie noch mehr verbittert. Ihre adoptierte Enkelin Jutta vermisst zusehends die familiäre Herzlichkeit. Die häufigen Besuche auf dem Friedhof werden für die Jüngeren zur Belastung, während sie für Fechters Mutter zum Alltag geworden sind. Allem Leid zum Trotz, das ihr zugefügt wurde, vollzieht sie keinen totalen Bruch mit dem SED-Staat, jedenfalls nicht nach außen hin. Vielleicht aus Angst um die Zukunft der Familie, vielleicht, um sich keine Blöße und dem

Regime keinen weiteren Anlass für Sanktionen zu geben, vielleicht auch einfach nur aus dem Gefühl, nicht auch noch das zu verlieren, was ihr geblieben ist. Mitte der 70er-Jahre hält Enkelin Jutta es nicht mehr aus. Nach ihrer Ausbildung zur Kindergärtnerin möchte sie in eine eigene Wohnung ziehen, was in Ost-Berlin aber nahezu unmöglich ist. Kurz entschlossen sucht sie sich an der Ostsee eine Stelle als Saisonkraft in der Gastronomie – und bleibt. Ruth, deren Tochter Simone 1971 geboren wird, wohnt noch eine Weile in der Behaimstraße, ehe auch sie die elterliche Wohnung verlässt.

Ab und an signalisiert das SED-Regime den Fechters etwas Entgegenkommen. Weil in der DDR Arbeitskräfte knapp werden, gestattet man Gisela Geue nach Jahren, wieder zu arbeiten, zunächst stundenweise und weit unter Qualifikation: im Handel oder auf dem Weihnachtsmarkt. Schließlich wird sie wie ihre Mutter Verkäuferin und übernimmt von ihr sogar die Leitung des Uhrengeschäfts in Weißensee. Mitte der 70er-Jahre stirbt in West-Berlin Lieselotte, die älteste Tochter der Fechters. Obwohl es aussichtslos erscheint, beantragt die Mutter eine Reiseerlaubnis, um der Beerdigung beizuwohnen. Tatsächlich darf sie mit ihrer Tochter Gisela in den Westen reisen, die anderen Familienmitglieder aber müssen zu Hause bleiben. Gisela Geue kehrt noch am Abend zurück, ohne das Mahnmal für ihren Bruder gesehen zu haben. Ihre Mutter bleibt ein paar Tage länger, um sich um ihre Enkel zu kümmern. Nach der Rückkehr zögert Gisela, ihre Mutter zu fragen, ob sie das Mahnmal besucht habe. Wenn, dann würde sie es von allein erzählen. Die Mutter schweigt.

Die Fechters dürfen sogar ihre West-Verwandten aus Wuppertal empfangen. Zwar muss Margarethe Fechters jüngere Tochter Ruth diese Besuche, vornehmlich zu Ostern, bei ihren Vorgesetzten melden, aber das ist lediglich eine Formalie. Ruth arbeitet als Sekretärin und hat eine Stelle im Ministerium für Hoch- und Fachschulwesen bekommen. Man trägt ihr an, in die SED einzutreten, was sie aber ablehnt.

Die offensichtliche Beschattung durch die Stasi hat mit den Jahren nachgelassen. Lediglich zu den Jahrestagen des Mauerbaus und des Todes von Peter Fechter stehen noch auffällig unauffällige, fremde Fahrzeuge vor den Wohnungen der Fechters. Unter Druck setzt das SED-Regime sie dennoch unvermindert. Bei Auszeichnungen oder der Vergabe von Urlaubsplätzen geht Gisela Geue leer aus. Oft hört sie: »Du bist vorgeschlagen.« Dann heißt es: »Du doch nicht.« Ihrem Mann, der Sportlehrer ist, wird der Titel »Meister des Sports« für seine Aktivitäten im Schulsport verwehrt und damit auch die Geldprämie, die mit dieser Auszeichnung verbunden ist. Man habe Zweifel an seiner politischen Einstellung und seiner Eignung als Lehrer, notieren die Verantwortlichen. Klaus Geue, der nie der SED beitritt, hat Glück, dass sein Schulleiter Schlimmeres verhindert.

Regelmäßig erkundigt sich die Stasi auch beim Nachbarn, der das sogenannte Hausbuch für Besucher führt, ob die Geues gegen den Staat hetzen und wen sie empfangen. Außerdem verschafft man sich Zutritt zur Wohnung. Eines Tages kommen Gisela und Klaus Geue nach Hause, und Gisela riecht den Duft eines ihr fremden Aftershaves. »Hast Du Dir neues Rasierwasser gekauft?«, fragt sie ihren Mann, der wahrheitsgemäß verneint. Solche Erlebnisse hinterlassen Spuren. Ihr allgemeines Misstrauen den Menschen gegenüber wird chronisch. Wenn irgendetwas im Alltag oder Beruf nicht gelingt, sagen sich die Geues: »Ist ja kein Wunder.«

Noch immer halten sie sich an das ihnen auferlegte Verbot, über den Tod Peters zu reden. Besonders gegenüber ihren Kindern fällt das schwer; die kennen Peter nur von dem Foto, das auf der Kommode seiner Eltern steht, ihrer Großeltern also. Der schwarze Trauerflor am Bilderrahmen reizt beim Besuch zu Fragen:

»Wer ist das?«

»Dein Onkel.«

»Ist der tot?«

»Ja.«

»Warum?«

»Er war sehr krank.«

Eine ähnliche Antwort erhält auch Mario Remmert, der 1961 geborene Sohn von Peters Cousin Jürgen, der einmal kindlich-naiv wissen will, wo der Onkel denn eigentlich sei. Selbst Simone Fechter, die mit ihrer Mutter Ruth im Haushalt der Großmutter lebt und von ihnen verwöhnt wird, erfährt nichts über die genauen Umstände. Sie wundert sich bloß, dass ihre Oma richtige Hassgefühle zeigt, wenn sie Karl-Eduard von Schnitzler im Fernsehen sieht. Der habe ihren Sohn einmal einen Verbrecher genannt, schimpft sie dann – den genauen Zusammenhang lässt sie im Unklaren. Die Erwachsenen wollen die Kinder mit dem Trauma der Familie nicht belasten und zugleich verhindern, dass eines sich verplappert.

Als ihr Sohn 14 oder 15 Jahre alt ist, nehmen Gisela und Klaus Geue ihn zur Seite und klären ihn über das Schicksal seines Onkels und seine »Krankheit« auf. Zugleich verpflichten sie ihn zur Verschwiegenheit. Der Sohn ist reif genug, um zu verstehen, dass Eltern ihren Kindern nicht immer alles sagen können, dass das ein Schutzreflex sein kann. Wie vor den Kopf gestoßen fühlt er sich trotzdem. Nicht, weil die Eltern ihm lange die Wahrheit vorenthalten haben, sondern weil er das Gehörte schwer begreifen kann, darauf weder vorbereitet ist noch weiß, wie er damit umgehen soll. Er schließt sein Wissen in sich ein. Nur einmal im Jahr können und wollen die Fechters die Erinnerung nicht verdrängen: wenn im West-Fernsehen über den 13. August berichtet wird und über Peter Fechter. Dann achtet die Familie darauf, möglichst keine Sendung zu verpassen – das kommt einem Gedenken aus der Ferne gleich.

Solche Gefühle verlassen auch die Augenzeugen der Flucht vom 17. August 1962 nie ganz. Obwohl die Erinnerung verblasst, wird sie immer wieder lebendig. Zu Anfang taucht sie täglich auf, sobald das seinerzeit verhaftete Pärchen Renate Pietsch und Wolf-

Dieter Zupke in die Union-Druckerei zur Arbeit geht. Lange kann Renate nicht verstehen, dass mitten im Frieden ein junger Mensch vor ihren Augen erschossen wurde, und wenn im West-Fernsehen an Fechters Tod erinnert wird, kommt alles wieder hoch. Auch vor Zupkes innerem Auge laufen auf dem Weg zum Betrieb immer wieder die Szenen vom 17. August 1962 ab: die Schießerei, der würdelose Tod Fechters, seine eigene Verhaftung. Und andere erinnern ihn daran. 1965 muss Zupke zum Wehrdienst, er wird als Fahrer eingesetzt. Sein Hauptfeldwebel, der die Personalunterlagen verwaltet, spricht ihn eines Tages an: »Zupke, hast Du mal Ärger mit der Polizei gehabt?« Dieser antwortet zögerlich: »Nein.« Darauf der Spieß: »In Deinen Unterlagen steht, Du würdest nicht zur DDR stehen.« Wie Wolf-Dieter Zupke erfährt, stammt diese Einschätzung vom Abschnittsbevollmächtigten der Volkspolizei in seinem Wohnviertel.

Fortbildungen und Arbeitsplatzwechsel führen ihn zeitweilig fort, doch Ende der 70er-Jahre kehrt er als Produktionsleiter in die Union-Druckerei zurück. Dort ist er für die Tageszeitung *Neue Zeit*, aber auch für die Kirchenblätter zuständig. Obwohl inzwischen die Grenzanlagen verstärkt worden sind, gelingt einem Buchbinder, den Zupke eingestellt hatte, eines Tages die Flucht in den Westen; er flieht zudem fast an der gleichen Stelle wie Helmut Kulbeik. Wie 1962 muss Zupke sich von der Stasi wiederum Fragen zu einem Flüchtling gefallen lassen.

Der Volkspolizist Heinrich Mularczyk verrichtet weiter Streifendienst, in dem er oft mit Verkehrstoten oder Selbstmördern zu tun hat. Die Begegnung mit dem Tod in solchen Fällen geht ihm nicht so nahe wie bei dem von Peter Fechter. Das Bild des »zusammengeklappten Bündels« in seinen Armen und das Blut an der Kleidung des Sterbenden, das seine Uniform durchtränkt, all das hat sich im Gedächtnis festgesetzt. Mularczyk redet mit niemandem über sein Erlebnis am 17. August 1962, mit Kollegen schon gar nicht. Der weitere Berufsweg hilft ihm beim Verdrängen. Anfang der 80er-Jahre sattelt er um und wird Abschnittsbevollmächtigter in einem der neuen Wohnquartiere in Ost-Berlin. Als Oberleutnant der Volkspolizei erlebt Mularczyk den Mauerfall.

Ohne augenscheinliche Wirkung bleibt das Erlebnis für Dieter Breitenborn. Irgendwann nach dem 17. August 1962 verlässt er die Redaktion der *Neuen Zeit* und arbeitet als freier Fotograf für andere Zeitungen, aber auch Museen. Sein dokumentarisch einmaliger Film vom Abtransport Peter Fechters schlummert vergessen in einer Stasiakte.

Axel Springer bewegt inzwischen ein weiteres Schicksal. Als im März 1978 der 22-jährige Ost-Berliner Niko Hübner festgenommen und verurteilt wird, weil er unter Berufung auf den entmilitarisierten Status von ganz Berlin den Wehrdienst in der DDR-Volksarmee verweigert, sieht der Verleger ein erneutes Beispiel für die Menschenrechtsverletzungen durch das SED-Regime, das er anprangern will. Axel Springer macht auf das Schicksal Hübners in seinen Zeitungen, in Reden oder bei der Begrüßung von US-Präsident Jimmy Carter in Deutschland aufmerksam, verknüpft diesen Fall aber ausdrücklich auch mit dem Schicksal Fechters. Niko Hübner war fünf Jahre alt, als die Mauer entstand, und ein Kind, »als Peter Fechter vor unseren Augen verblutete«. Nun, als Erwachsener, beweise das Denken und Handeln Hübners den Kleinmütigen und Trägen: »Freiheitswille und Rechtsbewusstsein wachsen wieder heran. Jüngere stehen, wo Ältere schwanken.«

Wenige Monate später wird Axel Springer im August 1978 in seinem Verlagshaus in Berlin die American Friendship Medal der Freedom Foundation verliehen – die höchste Auszeichnung der Stiftung für Nicht-Amerikaner, die durch Wort und Tat für die Sache der Freiheit eintreten. Zur Preisübergabe hat Springer eine Staffelei aufstellen und daran vier Fotos anbringen lassen, die an deutsche Schicksale erinnern: Zu sehen ist ein Porträt von Niko Hübner, ein jüdisches Kind mit erhobenen Händen im Getto, der DDR-Grenzsoldat Conrad Schumann, der zwei Tage nach Beginn des Mauerbaus am 15. August 1961 über den Stacheldrahtzaun in den Westteil Berlins und damit in die Freiheit springt, sowie Wolfgang Beras Bild vom Abtransport des sterbenden Peter Fechter am 17. August 1962.

In seiner Dankesrede geht der Verleger auf die Aufnahmen ein. Zu Fechter erinnert er an dessen gescheiterte Flucht und schildert das Verhalten eines US-Offiziers, der glaubte, nicht eingreifen zu dürfen, weil er womöglich internationale Verwicklungen heraufbeschworen hätte. Die Passage der »unterlassenen Hilfeleistung« endet in einer bitteren Klage, die den eigenen Verlag mit einbezieht: »Auch mein Haus machte sich schuldig. Unser Beitrag zu diesem Akt der Unmenschlichkeit war das Fotografieren. Wir machten eine Reihe von Aufnahmen und gaben diese Bilder an die Zeitungen in der ganzen Welt weiter. Aber auch wir halfen nicht.« Dass dies nicht möglich gewesen ist, weiß auch Springer: »All das mag nach dem Buchstaben des Gesetzes in Ordnung gewesen sein. Aber Gottes Uhren ticken anders.« In seinem Mitgefühl für das Opfer verkennt der Verleger freilich, dass gerade die Bilder seiner Zeitungen die Grausamkeit des DDR-Grenzregimes belegt und für alle Welt sichtbar gemacht haben. Doch zumindest kann auch er den Fall nicht vergessen.

Der Fall der Mauer bedeutet für die Familie von Peter Fechter einen Wendepunkt – das Ende eines fast dreißig Jahre langen Kampfes für die Erinnerung und des Ringens mit dem Vergessen. Am 17. November 1989 steht Margarethe Fechter vor dem Mahnmal, ihren Hut ins Gesicht gezogen, in ihren Händen, die in dünnen Lederhandschuhen stecken, hält sie einen Blumenstrauß. Nicht allein das kalte Wetter lässt die kleine, sichtbar gealterte Frau frösteln. Tränen rollen ihr über die Wangen, als sie das Kreuz und das Foto ihres niedergeschossenen Sohnes sieht. Dass sie kurz zuvor beim Grenzübertritt lediglich ihren Ausweis hat vorweisen müssen und ohne Probleme einen Stempel bekam, kann sie kaum fassen. Eine Reporterin der *Bild am Sonntag* begleitet sie den ganzen Tag durch West-Berlin, zum Mahnmal und zum Kurfürstendamm. Als sie abends zurück nach Weißensee fährt, bedankt sie sich bei allen, »die all die Jahre an Peter gedacht haben. Es ist gut zu wissen, dass man ihn nicht vergessen hat.« Der Bericht über ihren Besuch rührt die Leser: Sie überhäufen Margarethe Fechter zu Weihnachten 1989 mit Päckchen und Briefen.

Im August 1990 ändert sich das öffentliche Gedenken an Peter Fechter. Zum ersten Mal richten der Senat von West- und der Magistrat von Ost-Berlin am 13. August am Fechter-Mahnmal eine gemeinsame Veranstaltung aus. Ost-Berlins Oberbürgermeister Tino Schwierzina ruft zum Umdenken auf: »Nachdem die Mauer in der Stadt gefallen ist, geht es nun darum, auch die Mauern in den Köpfen einzureißen.« West-Berlins Innensenator Erich Pätzold, der den Regierenden Bürgermeister Walter Momper vertritt, wählt ein anderes Bild: »Zwar verschwindet der Betonwall aus dem Stadtbild, die offene Wunde schließt sich langsam. Eine Narbe aber wird immer bleiben.«

1990 bis heute
Aufarbeitung

Keine Strafe der Welt kann ein Verbrechen ungeschehen machen. Wenn aber die Täter ihre Schuld sühnen müssen, leiden die Angehörigen von Opfern immerhin etwas weniger. Umgekehrt schmerzt es zusätzlich, wenn Aufklärung verweigert wird. Im Juni 1990 scheinen die DDR-Behörden auf Zeit zu spielen. An vielen Stellen Berlins rücken schon »Mauerspechte« mit Hammer und Meißel dem nun nicht mehr mörderischen ehemaligen Todesstreifen zu Leibe, beginnen Pioniere der Grenztruppen und der Volksarmee mit schwerem Gerät, die mächtigen Betonsegmente abzubauen. Während die beiden deutschen Staaten und die vier Siegermächte um Wege zur Einheit ringen, befragt der Fernsehjournalist Roland Jahn den höchsten Strafermittler der Nationalen Volksarmee. Vor laufender Kamera erklärt Militäroberstaatsanwalt Karl-Heinz Bösel, warum seine Behörde nur in elf von Dutzenden dokumentierten Todesfällen an der Mauer ermittelt: »Diese Fälle sind bekannt, aber es gibt keine Anzeigen zu diesen Fällen. Und es gibt gegenwärtig keine Grundlagen, diese Fälle anzugehen.« Auf Jahns Frage, ob die Staatsanwaltschaft nicht verpflichtet sei, gegen Gewalttäter zu ermitteln, antwortet Oberst Bösel: »Das ist Ihre Einschätzung, dass es sich um Gewalttäter handelt.« Damit gibt sich der Journalist nicht zufrieden und verweist auf das lange Sterben Peter Fechters. Kopfschüttelnd erklärt der Oberstaatsanwalt in Uniform: »Dieser Fall ist mir nicht bekannt.«

Die westlichen Medien sehen das ganz anders. Schon wenige Tage nach dem Fall der Mauer ist Ruth Fechters Tochter Simone bei einem Besuch ihrer Großmutter in der Behaimstraße aufgefallen, wie westliche Autos den ganzen Innenhof des Hauses füllen, unter anderem Fahrzeuge mit Bonner Kennzeichen. Die kleine Wohnung von Margarethe Fechter ist voller Journalisten. Um den 19. November 1989 herum erscheinen in verschiedenen westdeutschen Blättern Berichte über ihr Leben und ihre Trauer um den Sohn. Sie sagt zwar, es werde ihr »schönstes Weihnachten seit Peters Tod« werden, doch der Rummel um ihre ganz private Tragödie überfordert sie, wie Simone glaubt: »Für meine Großmutter ist das zu viel gewesen. Dass die Geschichte mit solcher Wucht wieder hochkommt.« Tatsächlich fragt sich Margarethe Fechter angesichts der neuen Reisefreiheit: »Jetzt dürfen alle hin und her fahren. Warum durfte mein Sohn das nicht? Warum musste er sterben?«

Als Roland Jahn die Schwestern des Opfers ein halbes Jahr später mit der Feststellung des Militärjuristen Bösel konfrontiert, den Fall nicht zu kennen, reagieren sie konsterniert. »In der Staatsanwaltschaft sitzen doch noch die alten Leute«, stellt Ruth Fechter fest: »Und da soll ich hingehen? Nein!« Wie Gisela Geue hat auch sie keinerlei Vertrauen in die DDR-Justiz. Dennoch ringen sich die beiden durch, einen Brief an Bösel aufzusetzen. Einen Tag vor der Ausstrahlung des Interviews schreiben sie am 2. Juli 1990 ihrem Wissensstand entsprechend: »Am 17. August 1962 wurde unser Bruder Peter Fechter im Bereich Checkpoint Charlie während seiner Tätigkeit als Maurer angeschossen und circa zwei Stunden liegen gelassen, wo er dann elendig verblutete.« Im Namen der ganzen Familie erstatten die Schwestern Anzeige erstens gegen die Offiziere und Soldaten, die auf ihren Bruder schossen, zweitens gegen die Verantwortlichen, die ihn verbluten ließen, und drittens gegen Erich Honecker, der den Schießbefehl durchgesetzt und damit gegen die Menschenrechte verstoßen habe. Gisela Geue und

Ruth Fechter nehmen an, Peter habe nicht fliehen wollen, sondern »an seiner Sterbestelle als Maurer die Mauer aufgebaut«. Ihr Ziel sind Anklagen gegen die unmittelbaren Täter und die Befehlsgeber. Außerdem wollen sie die öffentliche Rehabilitierung ihres Bruders erreichen, eine formelle Entschuldigung der DDR-Medien für die Hetze gegen das Opfer im Jahr 1962 und finanzielle Unterstützung für ihre inzwischen schwer kranke Mutter.

Zwei Wochen später antwortet Bösel: »Ich habe bereits die Akten angefordert.« Der Militäroberstaatsanwalt sagt zu, Ermittlungsverfahren gegen die Täter einzuleiten, stellt aber zugleich fest: »Zum Zeitpunkt des Todes Ihres Bruders ergeben sich jedoch nach gegenwärtigen Erkenntnissen keine Verantwortlichkeiten für Erich Honecker.« 1962 sei Honecker schließlich noch nicht Generalsekretär der SED gewesen und ebenso wenig Vorsitzender des Nationalen Verteidigungsrats, des obersten Militärgremiums der DDR. Der NVA-Oberst ignoriert die allgemein bekannte Tatsache, dass Honecker den Bau der Berliner Mauer persönlich geleitet hat. Möglicherweise aber ist Bösel tatsächlich nicht bekannt, dass der Stasibericht vom 18. August 1962 über Peter Fechters Tod in nur fünf Exemplaren verbreitet worden ist, darunter an erster Stelle an den »Gen. Hon.«, wie das interne Kürzel für Honecker lautet.

Zu nennenswerten Ergebnissen führen die Ermittlungen der Militärstaatsanwaltschaft bis zum Ende der DDR am 3. Oktober 1990 nicht. Trotzdem verfolgt die nun gesamtdeutsche Justiz den Fall Peter Fechter weiter. Als die beiden Schwestern ihre Anzeige formulieren, können sie nicht ahnen, dass bereits seit 28 Jahren eine Strafanzeige unter dem Aktenzeichen WB 2273/62 vorliegt, die West-Berliner Polizisten »von Amts wegen« noch am Tattag erstattet haben. Sie richtet sich »gegen unbekannt« und lautet auf Totschlag an Fechter sowie versuchten Totschlag an Helmut Kulbeik. Routinemäßig gelten nach westdeutschem Recht Todesfälle an der Mauer juristisch als Totschlag, denn für Mordmerkmale wie niedere Beweggründe, Heimtücke oder besondere Grausamkeit sehen die zuständigen westlichen Beamten meist nicht genügend Indizien.

Obwohl Ruth Fechter an die nun zuständige Berliner Justizsenatorin Jutta Limbach schreibt und um beschleunigte Bearbeitung ersucht, schleppen sich die Ermittlungen hin, konzentriert sich das Interesse der Strafverfolger doch zunächst auf den ersten Mauerschützenprozess, den Karin Gueffroy erzwungen hat, die Mutter des letzten an der Berliner Mauer erschossenen »Republikflüchtlings«. Dieses Verfahren ist von wegweisender Bedeutung, denn die Richter des Landgerichts Berlin müssen klären, ob der nach DDR-Sichtweise zulässige, ja von den Grenzposten zwingend erwartete Gebrauch ihrer Waffen zur Verhinderung von Fluchten über die innerdeutsche Grenze überhaupt bestraft werden darf. Immerhin gibt es im deutsch-deutschen Einigungsvertrag eine Festlegung, der zufolge gesamtdeutsche Gerichte bei Verbrechen auf dem Boden der DDR »von Strafe absehen, wenn nach dem zur Zeit der Tat geltenden Recht der Deutschen Demokratischen Republik weder eine Freiheitsstrafe noch eine Verurteilung auf Bewährung noch eine Geldstrafe« zu erwarten gewesen wäre. Andererseits ist klar erkennbar, dass jeder Schuss auf einen Flüchtling gegen grundlegende Menschenrechte verstoßen hat. Die Praxis der untergegangenen DDR steht also gegen übergesetzliches Recht. Juristisch eine schwierige Abwägung.

Peter Fechters Mutter erlebt das nicht mehr. Die Familie merkt, mit welcher Geschwindigkeit sie die Kräfte verlassen. Im Februar 1991 stirbt sie im Alter von 76 Jahren. Wieder gehen Fechters zum Bestattungsunternehmen Kadach & Maurer in Weißensee, wieder kümmert sich Monika Hennig um das Begräbnis, und wieder geht es eher geschäftsmäßig zu – auch weil sich die Bestatterin nicht traut, nach Peter Fechter zu fragen. Das Grab seiner Mutter wird seinem genau gegenüber liegen, auf dem rötlichen Stein ist lediglich »Familie Fechter« zu lesen.

Kurz darauf gibt es einen ersten Durchbruch. Die zuständigen Staatsanwälte verfügen zwar über Aussagen West-Berliner Augenzeugen und über Fotos, aber bislang fehlen ihnen konkrete Hinweise auf die Todesschützen und andere Personen, die auf Ost-Berliner Seite beteiligt gewesen sind. Da entdeckt Mitte März 1991 die Personalauswahlkommission der Berliner Polizei, die ehemalige Volkspolizisten vor einer möglichen Weiterbeschäftigung überprüft, im Fragebogen von Heinrich Mularczyk den »vagen Hinweis auf einen Zwischenfall Ecke Charlottenstraße«. Der zuständige Beamte befragt den zunächst übergangsweise im Rang eines Polizeihauptkommissar angestellten ehemaligen VP-Oberleutnant und erfährt, dass Mularczyk »während seiner damaligen Streifentätigkeit zu dem Fluchtfall gerufen worden« sei und »den Schwerverletzten, der seiner Meinung nach noch gelebt hat, zu einem Fahrzeug getragen« habe. In einem Aktenvermerk hält der West-Berliner Polizist fest: »An weitere Einzelheiten will sich Herr Mularczyk nicht mehr erinnern können. Den Namen des Opfers will er erst viel später erfahren haben. Er erinnert sich aber, sein Bild an der Hauswand der Ausstellung zur Mauer am Checkpoint Charlie gesehen zu haben.«

Für die Zentrale Ermittlungsgruppe für Regierungs- und Vereinigungskriminalität ist das ein wichtiger Hinweis, denn er zeigt, dass es Tatzeugen außerhalb des engen Kreises der Grenzposten gibt. Mularczyk gehört zu den Ersten, die in Sachen Peter Fechter vernommen werden, erstmals am 7. Juli 1992. Er rechnet damit, zur Rechenschaft gezogen zu werden, doch er wird nur als Zeuge befragt und der Beihilfe zu keinem Zeitpunkt verdächtigt. Im Gegenteil, Mularczyk wird regulär in den Gesamtberliner Polizeidienst übernommen.

Inzwischen ist die vierte Mordkommission des Landeskriminalamts für die Untersuchung zuständig. Noch richtet sich die Ermittlung nach Aktenlage weiterhin gegen »unbekannt«. In den Unterlagen über die reguläre DDR-Grenzpolizei sind die Namen der Schützen nicht verzeichnet. Erst als Aufzeichnungen über die von anderen Polizei-Einheiten unter dem Stichwort »Parteiaufgebot« nach Ost-Berlin abgeordneten Männer ausgewertet werden, ändert sich das; zusätzlich tauchen in den Archiven der Stasi-Unterlagenbehörde und der NVA bislang streng geheime Berichte über Fechters Tod auf. Anfang 1993 erfahren die Kriminalisten zunächst die Nachnamen und Ränge der vier Grenzposten, die am 17. August 1962 geschossen haben, wenig später auch ihre Vornamen und Geburtsdaten. Parallel zu diesen Recherchen verrichten die Ermittler ganz normal ihre Arbeit – was etwa auch beinhaltet, dass sie ihre ehemaligen Ost-Berliner Kollegen befragen. Im Frühjahr 1993 vernimmt die Mordkommission mehrfach jede Woche Zeugen der 31 Jahre zurückliegenden Ereignisse. Renate Pietsch ist darunter, ebenso Wolf-Dieter Zupke und der West-Berliner Polizist Harry Bergau. Beim europäischen Hauptquartier der US-Armee in Heidelberg wird angefragt, ob es Unterlagen zu dem Zwischenfall an der Mauer gebe, was ausweichend beantwortet wird: Diesseits des Atlantiks nicht, aber es laufe eine Recherche in Washington D.C. Ergebnisse bringt diese Anfrage nicht. Trotzdem verdichten sich die Indizien, die sich auf sechs Namen konzentrieren: auf die damaligen Grenzpolizisten Rolf Friedrich, Erich Schreiber und Siegfried Buske sowie deren direkte Vorgesetzte, die Offiziere Heinz Schäfer, Martin Leistner und Fritz Gelhar. Der vierte Schütze, Hans Schönert, ist bereits im Frühjahr 1990 gestorben.

Nun kann die Mordkommission zwar dringend tatverdächtige Personen benennen, aber der größte Teil ihrer Arbeit steht ihr noch bevor: Sie muss den individuellen Anteil der Beschuldigten am Tod Peter Fechters feststellen und dem zuständigen Staatsanwalt Joachim Riedel genügend Material für eine tragfähige Anklageschrift liefern. Von entscheidender Bedeutung ist es, die genaue Todesursache festzustellen. Es reicht nicht zu wissen, dass Fechter niedergeschossen worden und anschließend verblutet ist. Allerdings zeigt sich bald, dass eine wesentlich genauere Rekonstruktion des Tathergangs nicht leicht sein wird, denn der Bericht über die damalige gerichtsmedizinische Untersuchung an der Charité lässt sich nicht mehr auffinden. Obschon das Obduktionsbuch des Gerichtsmedizinischen Instituts noch existiert, findet sich außer dem Einlieferungsdatum »18. August 1962«, der Freigabe des Leichnams vier Tage später und dem Vermerk »Verblutung nach außen, Beckendurchschuss« darin nichts Verwertbares.

Die Ermittler schreiben den inzwischen pensionierten Obduzenten Otto Prokop an. Doch der gebürtige Österreicher, Wahl-DDR-Bürger und international renommierte Experte antwortet, die »Sektionsprotokolle von Grenzzwischenfällen« seien »in der Regel aus unserem Institut abgeholt worden, einschließlich der Durchschläge«. Nach Aktenlage ist das falsch: Erst 1975 sind die Obduktionsberichte aus den Jahren vor 1965 vernichtet worden, wegen Platzmangels, wie die Institutssekretärin und ein Oberarzt übereinstimmend bezeugen. Überraschend genau erinnert sich Prokop dafür an Fechters Verletzungen, er schreibt: »Bei dem Ausblutungsgrad wäre eine Operation in keinem Fall mehr erfolgreich gewesen. Unseres Erachtens muss die Arteria iliaca externa getroffen gewesen sein. Da es aus der Ausschussöffnung erheblich geblutet hat, ist die linke Arteria betroffen gewesen. Auch die Harnblase dürfte verletzt gewesen sein.« Prokop gibt, auch ohne schriftlichen Obduktionsbefund, nach mehr als drei Jahrzehnten eine klare gutachterliche Äußerung ab: »Der Betroffene war durch die Schussverletzung tödlich, meines Erachtens unrettbar verletzt.«

Damit halbiert sich der Kreis der Tatverdächtigen. Wenn nämlich Fechters Verletzung unweigerlich zu seinem Tod hat führen müssen, dann können sich die seinerzeit zuständigen Offiziere Gelhar, Leistner und Schäfer nicht der unterlassenen Hilfeleistung schuldig gemacht haben, obwohl sie ihn fast fünfzig Minuten vor sich hin bluten ließen. Das ist juristisch korrekt, den Angehörigen und der Öffentlichkeit aber kaum vermittelbar. Davon jedoch dürfen sich die Strafverfolger nicht beeinflussen lassen – sie müssen streng nach Recht und Gesetz arbeiten. Deshalb konzentrieren sich ihre Ermittlungen auf die drei noch lebenden der vier Schützen. Einer von ihnen muss die tödliche Kugel abgefeuert haben. Doch Prokops Erinnerungen sind zu vage, um einen konkreten Schusskanal zu rekonstruieren; da es 1962 keine ballistische Untersuchung gegeben hat, kann auch auf diese Weise keine Zuordnung des entscheidenden Schusses vorgenommen werden. Die Ermittler entschließen sich, dem Bericht der Grenztruppen zu glauben. Weil Siegfried Buske nur einen einzigen Schuss abgegeben hat, unmittelbar nachdem er die beiden Flüchtlinge im Sperrgebiet gesehen hat, fällt er als Todesschütze aus – denn die letale Kugel hat Fechter unzweifelhaft erst Sekunden nach dem ersten Schuss getroffen, als er bereits schockstarr vor der Mauer stand. Es bleiben also mit Friedrich und Schreiber nur zwei potenzielle Angeklagte, da Schönert tot ist.

Als unerwartet schwierig erweist es sich, Fechters Freund und Fluchtgenossen Helmut Kulbeik zu befragen. Nach seiner Scheidung hat er nie wieder zurückgefunden in ein normales Leben. Arbeitslosigkeit, Krankheiten und Alkoholismus sind die Folgen. Einmal nur trifft er sich mit seiner Exfrau und seinem Sohn, doch zu einer Versöhnung kommt es nicht. Auch die Ladung der Polizei zur Vernehmung am 29. Mai 1993 ignoriert er; erst auf nachdrückliche Bitten findet er sich Anfang August bereit, seine laufende Umschulung in Oberhausen zu unterbrechen und nach Berlin zu kommen. Zur Sache jedoch hat Kulbeik wenig beizutragen: Seine Aussage enthält nichts, was über die Vernehmung am 21. August 1962 hinausgeht. Als Belastungszeuge im Prozess gegen die mutmaßlichen Schützen ist er ungeeignet. Deshalb müssen die Ermittler ihren Fall auf andere Aussagen und auf Indizien stützen.

Die Beschuldigten machen es ihnen nicht besonders schwer. Zwar behauptet Rolf Friedrich in seiner Vernehmung, er habe nicht auf Fechter geschossen, sondern auf die Mauer. Ob seine Kugeln aber abgeprallt und als Querschläger weitergeflogen seien, wisse er nicht. Außerdem habe sich seine Hand im entscheidenden Moment verkrampft: »Ich habe meinen Finger gar nicht mehr vom Abzug gekriegt.« Deshalb und weil die Kalaschnikow auf Dauerfeuer eingestellt gewesen sei, habe er so viele Patronen verschossen. Das sind erkennbar Schutzbehauptungen, durch die Fechters Tod als tragischer Unfall erscheinen soll. Auf Nachfrage räumt Friedrich jedoch ein, dass es den vorgeschriebenen Warnruf »Stehen bleiben, oder wir schießen!« nicht gegeben hat. Zugleich beschuldigt er seinen damaligen Postenkameraden, den tödlichen Schuss abgefeuert zu haben. Erich Schreiber reagiert bei seiner nächsten Vernehmung überrascht: »Ich weiß nicht, wie der Friedrich das so genau sagen kann. Ich weiß es nicht mehr.« Außer Zweifel immerhin steht, dass die beiden Grenzposten geschossen haben und sie gleichermaßen von den zuständigen Vorgesetzten belobigt und belohnt worden sind. Für die Staatsanwaltschaft ist das hinreichend, um sie wegen gemeinschaftlich begangenen vollendeten Totschlags anzuklagen. Da jedoch weder Flucht- noch Verdunklungsgefahr besteht und angesichts der milden Urteile in den bereits abgeschlossenen Mauerschützenprozessen auch keine besonders hohe Strafe zu erwarten ist, gibt es keinen Grund für einen Haftbefehl. Damit hat auch der Prozess keine hohe Priorität.

Die Umgebung des Tatorts hat sich derweil rapide verändert. Schon Ende 1990 ist die Mauer praktisch spurlos verschwunden. Auf der provisorisch reparierten Zimmerstraße fahren wieder Autos und Touristenbusse, das dunkle Kreuz für Peter Fechter keine zweihundert Meter vom Checkpoint Charlie entfernt gehört zu den wichtigen Zielen für Berlin-Besucher. Auch weil hier immer zum Jahrestag des Mauerbaus eine feierliche Kranzniederlegung stattfindet; zusammen mit den weißen Kreuzen für die Maueropfer hinter dem Reichstag ist das Fechter-Denkmal mehr denn je die wichtigste Erinnerungsstätte für die Toten des SED-Regimes.

Noch immer kommt ein hochrangiger Vertreter des Senats zu der kurzen Feierstunde, und jetzt auch die Schwestern Ruth Fechter und Gisela Geue. Ebenfalls stets dabei ist Friede Springer, die Witwe des 1985 verstorbenen Verlegers Axel Springer.

Doch das offizielle Gedenken findet auch Gegner. Anfang August 1995 berichten viele Zeitungen über die Recherchen des Filmemachers Heribert Schwan, der parallel zu den Ermittlungen der Staatsanwaltschaft die mutmaßlichen Täter aufgespürt hat und sie mit vollem Namen nennt. Niemand hält es für einen Zufall, dass 36 Stunden vor der ersten Ausstrahlung seines Films Unbekannte das Fechter-Denkmal attackieren. In der Nacht zum 10. August 1995 sägen sie den Schaft des Holzkreuzes durch und hinterlassen auf dem Stumpf einen Stahlhelm, wie ihn NVA und DDR-Grenztruppen benutzt haben, sowie ein Schreiben: »Zum Gedenken an die gefallenen und vom BRD-Imperialismus verfolgten Grenzsoldaten und die Opfer des Mauerfalls. Ihre Opfer sind uns Verpflichtung im Kampf für eine unabhängige DDR.« Zwar repariert die Berliner Polizei das Denkmal umgehend und verstärkt es mit Stahlblechen, doch an der Empörung über die Schändung ändert das nichts. Für den Regierenden Bürgermeister Eberhard Diepgen »verhöhnt die schändliche Tat die Opfer der Diktatur und richtet sich zugleich gegen die Grundlagen unserer Demokratie«. Eine Gruppe namens »Brigade Rosa Luxemburg der neuen Volksarmee der DDR« bekennt sich später zu der Tat und »begründet« sie unter anderem mit dem Abriss des DDR-Denkmals für den Grenzposten Reinhold Huhn, den zwei Monate vor Fechters Tod ein West-Berliner Fluchthelfer in Notwehr erschossen hat.

Bei der Feierstunde zum 34. Jahrestag des Mauerbaus kommt es zum nächsten Eklat: Auch Vertreter der PDS legen einen Kranz nieder, was DDR-Opfer empört; sie schicken das Gebinde zurück an die Zentrale der SED-Nachfolgepartei. Ohnehin geht es den Sozialisten nicht um Gedenken für Fechter, wie ihr Parlamentarischer Geschäftsführer im *Neuen Deutschland* zugibt: »Wir halten an unserer Forderung fest, dass eine Gedenkstätte für die getöteten DDR-Grenzer eingerichtet werden muss.« Wenig überraschend liegt zum nächsten Jahrestag wieder ein PDS-Kranz am Fechter-Denkmal, und das Holzkreuz wird abermals beschädigt. Weil die Brache, auf der die Erinnerungsstätte steht, bebaut werden soll, ist ohnehin eine Neugestaltung notwendig. Eine schlichte Gedenktafel an einem der Neubauten wäre zu wenig, darüber herrscht Einigkeit. Also schreibt der Axel Springer Verlag einen Künstlerwettbewerb für die Neugestaltung aus und sagt zu, die Kosten zu übernehmen.

Wolf-Dieter Zupke setzt sich ebenfalls für ein würdiges Gedenken an Fechter ein. Seit Anfang der 90er-Jahre ist er politisch aktiv in der CDU; 1995 stellt er in der zuständigen Bezirksverordnetenversammlung von Hohenschönhausen den Antrag, eine Straße, eine Schule oder einen Jugendklub im Ortsteil Weißensee nach Peter Fechter zu benennen. Sein Antrag wird an den zuständigen Kulturausschuss verwiesen und dort tatsächlich angenommen. Zupke ist überrascht, dominiert die PDS doch den Bezirk. Umgesetzt wird der Beschluss allerdings nicht, weshalb es in der Heimatstadt des Opfers keine Peter-Fechter-Straße gibt – ganz im Gegensatz etwa zu Trittau in Schleswig-Holstein, Püttlingen im Saarland, dem bayerischen Sulzbach-Rosenberg oder Warstein in Nordrhein-Westfalen; entlang der Leine ist in Hannover 1983 ein Radweg in Peter-Fechter-Ufer umbenannt worden.

Derweil verzögert sich das Verfahren gegen die beiden mutmaßlichen Todesschützen, obwohl dem Landgericht die Anklageschrift schon seit mehr als sieben Monaten vorliegt. Allerdings hat der Zeitverzug einen überraschenden Nebeneffekt: Der verloren geglaubte Obduktionsbericht taucht wieder auf. Staatsanwalt Riedel ist aufgefallen, dass in einem anderen Mauerschützen-Prozess vor dem Landgericht Berlin sehr wohl ein Sektionsprotokoll des Opfers aus der Zeit vor 1965 vorliegt. Also erteilt er der Mordkommission den Auftrag, auch im Fall Peter Fechter gezielt danach zu fahnden, besorgt die dafür notwendige Durchsuchungs- und Beschlagnahme-Anordnung. Nach anfänglich erfolglosen Recherchen werden die Ermittler schließlich fündig: In einem total verstaubten Karton auf dem Dachboden des Gerichtsmedizinischen Instituts taucht ein Durchschlag der Akte Peter Fechter auf, zusammen mit den übrigen angeblich vernichteten Unterlagen.

Im Nachgang zur Anklageschrift führt Riedel den Bericht ein, in juristisch korrekter Sprache: »Im Rahmen anderweitiger Vorermittlungen in der Gerichtsmedizin der Charité«, schreibt er, seien »unverhofft diverse Sektionsprotokolle aus den Jahren 1961 und 1962« gefunden worden, »die von der Vernichtung seinerzeit ausgenommen gewesen sein müssen und deren Existenz den jetzigen Mitarbeitern des Instituts teilweise nicht bekannt war«. Die Prüfung ergibt, dass sich der bisher als sachverständiger Zeuge gehörte Otto Prokop beeindruckend genau erinnert hat. Am Befund, dass der Schuss zu einer tödlichen Verletzung geführt hat und Fechter auch durch sofortige Erste Hilfe nicht hätte gerettet werden können, ändert sich nichts. Damit ist die letzte große Unsicherheit für den Prozess geklärt: Mit Rolf Friedrich und Erich Schreiber sitzen die Richtigen auf der Anklagebank.

Das Landgericht Berlin eröffnet am 3. März 1997 die Hauptverhandlung gegen die beiden Täter. Als Nebenklägerin tritt Ruth Fechter auf, der es nicht um »Bestrafung um der Bestrafung willen« geht, wie ihr Anwalt erklärt, nicht um »kleinliche Rachebedürfnisse« oder um die »bloße Verstärkung« des Strafanspruchs des Staates. Sie hat vielmehr »das Bedürfnis, nach 35 Jahren endlich aus der bis dahin bestehenden Objektrolle bei der Aufklärung und Aufarbeitung der Geschehnisse als Hinterbliebene und Betroffene, der Verdammung zu Untätigkeit und Abwarten herauszukommen und wenigstens in einem solchen Verfahren die Möglichkeit der umfassenden Beteiligung zu besitzen«. Die beiden Schwestern haben miteinander besprochen, ob sie sich am Verfahren beteiligen sollen: Ruth Fechter ist dafür, weil sie vom

Prozess einen Abschluss erhofft. Gisela Geue zeigt sich eher skeptisch, denn sie befürchtet, das Verfahren werde all das Leid wieder aufwirbeln. Schließlich einigen sich die beiden, dass die jüngere Schwester als Nebenklägerin auftritt. Andere Verwandte sehen darin eine gute Lösung; ein Neffe von Peter Fechter stellt eine Art »Seelenhygiene« in der formellen Teilnahme der Familie fest: »Wenn man so bedrängt und gepeinigt worden ist, wächst nicht nur das Bedürfnis, sich zu reinigen, sondern auch so etwas wie Genugtuung zu spüren.«

Doch die Mauerschützenprozesse der vorangegangenen Jahre haben die Öffentlichkeit ermüdet. Zwar kommt ein Dutzend Journalisten ins Kriminalgericht Moabit, jedoch nur rund zwanzig weitere Interessierte. Auch Wolf-Dieter Zupke ist dabei und findet sich zwischen alten SED-Genossen wieder, die demonstrativ das *Neue Deutschland* lesen, die Demokratie verhöhnen, offen Sympathie für die Angeklagten zeigen und sich über ihre Westreisen seit dem Mauerfall austauschen. Zupke hält das nicht aus und verlässt vorzeitig den Saal. Auch der Gerichtsreporter der *Berliner Morgenpost* ist irritiert. »Wie eine Mauer verläuft die Grenze zwischen den wenigen Zuschauern. Hier die Altkommunisten, für die das Verfahren gegen die beiden Grenzer ein Fall von ›Siegerjustiz‹ ist. Auf der anderen Seite die West-Berliner, die Sühne erhoffen für den ›Mauermord‹, der sie seinerzeit so stark erschüttert hat.« Eine schwierige Aufgabe für das Gericht. Einen Vorwurf jedoch muss sich die Berliner Justiz nicht machen lassen: Zehn Monate nach dem Schuldspruch gegen sechs Befehlshaber der DDR-Grenztruppen und während noch das Verfahren gegen mehrere Mitglieder der SED-Politbüros läuft, kann niemand mehr behaupten, die »kleinen« Schützen wurden bestraft, während die »großen« Befehlshaber und deren Auftraggeber ungeschoren davonkämen.

Vor Gericht wirken die Angeklagten nicht überzeugend. Rolf Friedrich ist so nervös, dass sein Verteidiger dessen Stellungnahme verlesen muss. Sie entspricht weitgehend dem, was er schon bei der polizeilichen Vernehmung gesagt hat. Erich Schreiber kann sich an Einzelheiten nicht mehr erinnern, nicht einmal mehr an den Brief, den er seiner damaligen Freundin wenige Tage nach Fechters Tod geschrieben hat und in dem er bekennt, der Todesschütze zu sein. Beide berufen sich auf den Befehl, der ihnen keine Alternative gelassen habe, als zu schießen. Auf Nachfrage des Gerichts räumen die Angeklagten ein, sich schuldig zu fühlen. »Es tut mir so leid«, stammelt Friedrich, und Schreiber findet mühevoll einige Worte: »Ich wollte nicht töten. Aber ich kann es nicht mehr ändern. Es ist unfassbar.« Der Nebenklägerin Ruth Fechter können beide nicht ins Gesicht sehen. Überraschend ist der gerichtsmedizinische Befund, den Otto Prokop vorträgt; manche Berichterstatter sehen darin gar die »Sensation« des Verfahrens. Bis dahin hat die Öffentlichkeit nicht gewusst, dass Fechter allein durch den einen Schuss tödlich verletzt worden ist: Die Verletzungen hätten seinen Tod herbeigeführt, »selbst wenn er unverzüglich und pausenlos mit Blutkonserven versorgt worden wäre«, stellt der Gutachter fest. Helmut Kulbeik erscheint nicht vor Gericht, die Staatsanwaltschaft kann nur mitteilen, er sei seit einem Jahr nicht mehr auffindbar.

Vor allem die Angehörigen der Familie Fechter bedauern das. Ruth Fechter hat seit dem Mauerfall versucht, Kontakt zu ihm aufzunehmen, doch Kulbeik hat sich einem Gespräch immer verweigert. Die Fechters können das zwar verstehen, denn auch für ihn sei die Flucht am 17. August 1962 sicherlich ganz schrecklich gewesen, weil er beschossen worden ist und sein Freund nicht überlebt hat. Vielleicht sei Schweigen seine Strategie, damit klarzukommen. »Wir machen ihm keinen Vorwurf«, stellt Fechters Nichte Jutta Döring fest: »Er kann ja nichts dafür, dass er es geschafft hat und Peter nicht.« Andererseits sind die Motive für die Flucht noch immer unklar. Was hat Peter in seinen letzten Stunden gedacht und gefühlt? Helmut Kulbeik hätte zumindest nach dem Mauerfall, mit zeitlichem Abstand, darüber reden können, meint Jutta Döring: »Ich glaube, das hat meine Familie schon erwartet.«

»Warum sollte ich das tun?«, fragt Helmut Kulbeik Jahre später. Er habe damit nichts mehr zu tun haben wollen. Vielleicht, weil er der Letzte gewesen ist, der mit Peter Fechter geredet hat? »Wir haben uns über gar nichts unterhalten«, blockt Kulbeik ab: »Wir wussten ja, was wir im Westen wollten.« Die Freiheit eben.

Juristisch ist die Sachlage so eindeutig, dass die Richter der 21. Großen Strafkammer des Landgerichts Berlin schon nach einem Verhandlungstag die Beweisaufnahme schließen. Am 5. März 1997 kommen die Beteiligten wieder zusammen. Alle Prozessparteien bemühen sich um Sachlichkeit, Staatsanwaltschaft und Verteidiger halten betont maßvolle Plädoyers. Ruth Fechters Anwalt übertrifft seine Kollegen noch: »Hohes Gericht, Ansinnen der Nebenklägerin ist es, mit der Darlegung ihrer Motive und Bewertung der Ergebnisse der Beweisaufnahme im Lichte des eigenen Erlebens als Hinterbliebene von Peter Fechter zu einer Entscheidung beizutragen, welche die begründbare Verantwortung der Angeklagten in ihrer damaligen Situation in einer Weise verdeutlicht, die in letzter Instanz auch als ein Signal für das Bemühen um Überwindung von Entfremdung und den Abbau von Feindbildern heute verstehbar ist.« Wenn das Verfahren »auch nur in bescheidenem Maße« dazu beitrage, dass Mütter ihre Söhne oder Töchter künftig nicht mehr beweinen müssten, weil sie von anderen als Feinde betrachtet würden, »dann hat dieser Prozess auch über die bloße juristische Bedeutung hinaus einen Sinn«.

Nach kurzer Beratung verkünden die drei Richter im Namen des Volkes das Urteil. Obwohl sie zugunsten des Angeklagten Erich Schreiber, der zur Tatzeit noch nicht 21 Jahre alt war, Jugendstrafrecht anwenden, werden verglichen mit anderen Prozessen gegen Mauerschützen relativ hohe Strafen verhängt: 21 Monate Haft gegen Friedrich und 20 Monate Jugendhaft gegen Schreiber, beides wegen gemeinschaftlich begangenen Totschlags in Tateinheit mit versuchtem Totschlag. Mit letzter Sicherheit können die Richter zwar nicht aufklären, ob tatsächlich Schreiber den tödlichen Schuss abgegeben hat, doch sie gehen davon aus. Strafmildernd wirkt, dass beide Angeklagte nicht freiwillig zu den DDR-Grenztruppen gekommen und sie zum Schusswaffeneinsatz »vergattert« worden waren. Auf einen Befehlsnotstand können sie sich dennoch nicht berufen. Den Umstand, dass das Opfer nahezu fünfzig Minuten unversorgt am Fuß der Mauer verblutet ist, lastet das Gericht den beiden Schützen nicht an, denn daran hatten sie keinen maßgeblichen Anteil – weshalb sich diese Tatsache auch nicht strafverschärfend auswirkt. Weil beide nicht vorbestraft sind und sich seit 1962 nichts Nennenswertes haben zuschulden kommen lassen, setzt das Gericht die Haftstrafen zur Bewährung aus. Rolf Friedrich und Erich Schreiber verlassen das Gericht als freie Männer, wenn auch formal vorbestraft. Die Nebenklägerin Ruth Fechter akzeptiert das Urteil ebenso wie Staatsanwaltschaft und Verteidigung. Es stellt einen Endpunkt dar: Der Aufklärung ist Genüge getan. Sühne bleibt ein weites Feld.

Als wichtiger erweist sich das Gedenken. Zum Jahrestag des Mauerbaus 1999 ist das neue Fechter-Denkmal vollendet, eine 2,60 Meter hohe rostrote Säule aus Stahl, in die der Name des Opfers, sein Geburts- und Todesjahr sowie der einfache Satz »... er wollte nur die Freiheit!« eingraviert sind. Der Bildhauer Karl Biedermann hat es entworfen und dabei die Gegebenheiten in der Zimmerstraße mit einbezogen. »Der Ort soll mithilfe der Gedenkanlage auch zwischen den sich entwickelnden, architektonisch unterschiedlichen Stadtquartieren Ernst und Würde behalten«, begründet der Künstler seinen Entwurf. Ein weiterer Gedanke: Die Gestaltung solle zum Anhalten und Erinnern auffordern, zwischen verschiedenen Betrachtungs- und Zeitebenen vermitteln. So trägt der Säulenschaft straßenseitig die Gedenktafelinschrift und gebäudeseitig einen kurzen Informationstext zur Mauer und zum Geschehen am 17. August 1962. Zusätzlich ist in

Das Mahnmal für Peter Fechter nach dem Abriss der Mauer – vom einst unüberwindlichen Todesstreifen sind nur noch Leere und etwas Schutt geblieben.

Das neue Fechter-Denkmal, das am 11. August 1999 aufgestellt wird, ist aus Stahl. Geschaffen hat die 2,60 Meter hohe Stele Karl Biedermann.

Die Schwestern Ruth Fechter und Gisela Geue gedenken an der Stele ihres 1962 erschossenen Bruders.

Der Publizist Ernst Cramer, stets ein Kritiker des SED-Regimes und enger Vertrauter Axel Springers, 2009 bei der Zusammenkunft für die Maueropfer.

Vereint im stillen Gedenken an der Fechter-Stele: Friede Springer, Gisela Geue und der Regierende Bürgermeister Klaus Wowereit (2. bis 4. v. l.).

Florian Bauer gestaltet 2012 nach den Fotos von Fechters Abtransports eine Statue. Das Original ist im Besitz des Berliner Unterwelten e. V.

Gedenken zum 60. Jahrestag des Mauerbaus 2021: der Regierende Bürgermeister Michael Müller (l.) in der Zimmerstraße.

Im Pflaster vor der Stele ist die Stelle markiert, an der Fechter verblutete. Die Doppelreihe Steine gibt den Verlauf der Mauer an.

Eine Gedenktafel am Haus der elterlichen Wohnung in Berlin-Weißensee erinnert seit 2014 an das Schicksal des weltweit bekannten Mauerflüchtlings.

der Zimmerstraße die authentische Stelle markiert, an der Fechter tödlich getroffen gelegen hat. Die Granitplatte hat den gleichen Durchmesser wie die Stele.

Der Axel Springer Verlag trägt auch die Kosten für die Errichtung des neuen Gedenkortes und kümmert sich seitdem um den Erhalt. Zur Berliner Wirklichkeit nach der Einweihung aber gehört ebenso, dass parkenden Autos zunächst nur der eine Stellplatz direkt vor der Gedenksäule mit Pollern versperrt ist – die benachbarten Parkbuchten sind nahezu immer genutzt, auch wenn sich Biedermann öffentlich gewünscht hat, wenigstens einige Stellplätze links und rechts seines Mahnmals ebenfalls zu sperren, um den Passanten den Blick auf die Stele zu erleichtern. Ein paar Parkplätze weniger aber sind dem Bezirk Mitte für das Gedenken offenbar zu viel.

Doch Karl Biedermann ist die Arbeit wichtig. An diesem 17. August 1962 ist in der Berliner Zimmerstraße der Alltag des Kalten Krieges blutiger Ernst geworden, meint er. Wer hat damals dieses Menetekel gedeutet? Was ist mit denen geschehen, die es nicht taten? Jede Generation müsse verantwortlich entscheiden, findet der Bildhauer, der weiterhin glaubt, dass am Beispiel von Peter Fechter für jeden viel zu lernen ist. Es geht um menschliches Verhalten: um Freiheit und Verrat, Mut und Feigheit, Macht und Ohnmacht, Widerstand und Opportunismus, Mitgefühl und Ignoranz.

Zur Umsetzung wählt Biedermann vorrangig das Gestaltungsprinzip der Kunst: die ästhetische Ordnung von Gegensätzlichem. Hier konkret: Punkt zu Linie; also Erinnerungsort (Ruhe – passiv) zu Verkehrsstraße (Bewegung – aktiv). Der Gedenkort mit den Gestaltungselementen Säule und Platte wird vom Künstler bewusst so gestaltet, dass er ebenso an anderen Stellen denkbar ist, um auch an die anderen Mauertoten zu erinnern. »Meinen Entwurf für die Peter-Fechter-Gedenkstätte verstehe ich als Erweiterung des Vorhandenen und als Angebot, an diesem Thema weiterzuarbeiten«, formuliert der Künstler in seinen Unterlagen zum Gestaltungswettbewerb. Dem Gedenkort für Peter Fechter folgt 2003, im Auftrag des Senats, ein stilistisch verwandter Gedenkort für Chris Gueffroy in Berlin-Baumschulenweg, den letzten Flüchtling, der an der Berliner Mauer erschossen worden ist.

Auch Heinrich Mularczyk wird Teil des Gedenkens, allerdings ungewollt. Zu fast jedem Jahrestag drucken Zeitungen das Foto, auf dem er den sterbenden Peter Fechter zum Polizeiwagen trägt. Noch immer löst es unangenehme Erinnerungen aus. Der pensionierte Polizist fragt sich, was die Angehörigen ihm wohl sagen würden? Getroffen haben sie sich weder beim Prozess noch danach. Seine Kinder und Enkel fragen ihn, wie er die Situation erlebt hat, Anfragen von außen hat er sich ein halbes Jahrhundert lang verweigert. Mularczyk hat Peter Fechter wirklich helfen wollen, versteht dessen Motiv aber auch Jahrzehnte später nicht. Denn er sagt, Fechter hätte wissen müssen, dass an der Grenze geschossen wird, in welche Gefahr er sich begibt und dass ihm niemand die Verantwortung für seine Entscheidung abnehmen könne. Als der Künstler Florian Brauer 2011 eine goldfarbene Skulptur gestaltet, die das berühmte Foto genau nachempfindet, will Mularczyk sich das Werk ansehen. Doch als er kurz nach der Aufstellung an die Bernauer Straße kommt, steht das Standbild schon nicht mehr – Unbekannte haben es in der Nacht zuvor umgestoßen. Ein Bekennerschreiben gibt es nicht, die Polizei sieht keinen Anhaltspunkt für politische Hintergründe und vermutet schlicht Vandalismus. Brauers Arbeit ist künftig über dem Eingang zum Mauermuseum der Berliner Unterwelten e. V. zu sehen.

Und Helmut Kulbeik? Fechters Freund. Seit seinem Absturz ist er nie wieder richtig auf die Beine gekommen. Als sich der Tod Fechters 2012 zum 50. Mal jährt, lebt Kulbeik anonym in einem sogenannten Nächtigungsheim, das Obdachlose und andere Bedürftige aufnimmt. Hat er Schuldgefühle, weil ihm die Flucht geglückt ist und Peter Fechter nicht? »Nein. Das mit ihm hätte mir auch passieren können.« Denkt er noch an die ganzen Umstände der Flucht? Helmut Kulbeik zögert einen Augenblick, dann sagt er: »Vergessen kann man so etwas niemals. Man kann ja den Schalter nicht einfach umdrehen – und Schluss. Nein, das verfolgt mich mein ganzes Leben lang.«

Im August 2012 startet die *Berliner Morgenpost* aus Anlass des 50. Todestages die Initiative »Eine Straße für Peter Fechter«. Einige frühere Versuche sind gescheitert, ebenso die Idee, dem Ort seiner Beisetzung den Status eines Ehrengrabs der Stadt Berlin zu geben. Schnell sprechen sich Prominente aus Politik, Kultur und Wissenschaft sowie Bürgerrechtler für eine solche Ehrung aus: Senatssprecher Richard Meng sagt: »Wenn es die Möglichkeit gibt, eine Straße nach Peter Fechter zu benennen, wäre das in unserem Sinne.« Auch Innensenator Frank Henkel unterstützt die Aktion der *Morgenpost*. »Ich freue mich über die große Zustimmung, die Erinnerung an Peter Fechters tragisches Schicksal wachzuhalten. Er hat einen authentischen Ort der Erinnerung verdient.« Sein Parteifreund, Berlins CDU-Generalsekretär Kai Wegner, macht sich besonders stark für die Aktion: »Der brutale Mord an Peter Fechter verdeutlicht, wie menschenverachtend das SED-Regime vorgegangen ist. Sein Schicksal zeigt, dass Freiheit und Demokratie hohe Güter sind, die täglich verteidigt werden müssen. Die Erinnerung an die zweite Diktatur in Deutschland muss wachgehalten werden, gerade auch vor dem Hintergrund der Unkenntnis vieler junger Menschen.« Grünen-Landeschefin Bettina Jarasch geht davon aus, dass man in dieser Frage eine Einigkeit zwischen den Parteien herstellen könne.

Selbst Bundespolitiker schalten sich in die Debatte ein. »Der Tod Peter Fechters hat der Welt die Brutalität und Unmenschlichkeit des Mauerregimes vor Augen geführt«, meint FDP-Fraktionschef Rainer Brüderle. Die Erinnerung an ihn und die vielen Opfer der Mauer mache den Wert der Freiheit deutlich. Auch Kulturstaatsminister Bernd Naumann plädiert für eine Peter-Fechter-Straße.

Der Vorsitzende der Bundesstiftung zur Aufarbeitung der SED-Diktatur, Rainer Eppelmann, hält eine sichtbare Erinnerung für überfällig: Über Maueropfer sei leider oft parteipolitisch gestritten worden, sagt der ehemals von Erich Honecker zum „Staatsfeind Nr. 1" der DDR geschmähte Pfarrer. Es gehe aber nicht um Parolen oder Parteipolitik, sondern um historisches Wissen, betont er vor dem Hintergrund neuer Umfragen. »Wo ein Fünftel der Gymnasiasten über Honecker und Brandt nichts weiß und ein Drittel Diktatur und Demokratie nicht präzise unterscheiden kann, muss Geschichte durch prägnante Bilder vermittelt werden. Ein Name wie Peter Fechter, der etwas von der Sehnsucht nach Freiheit und, als Opfer, etwas von der Brutalität einer Diktatur vermittelt, wirkt wie ein solches Bild.« Auf Straßennamen werde der Name eher wahrgenommen als auf einem Gedenkstein, ist sich Eppelmann sicher. Seine Hoffnung: »Es könnte jetzt der Zeitpunkt gekommen sein, dass eine solche Straßenumbenennung eine breite Mehrheit findet.« Freya Klier, Regisseurin, Autorin und selbst SED-Opfer, ist ähnlicher Meinung: »Ein Straßenname ist nachhaltiger als ein jährlich einmaliges Gedenken.« Auch Roland Jahn, inzwischen Bundesbeauftragter für die Stasi-Unterlagen, findet: »Ein Straßenname ist ein guter Denkanstoß, auch für die nächsten Generationen.« Erzbischof Rainer Maria Kardinal Woelki wird in der *Morgenpost* zitiert: »Erinnern und Gedenken geht nicht im luftleeren Raum. Es braucht konkrete Orte und Personen.« Die Schauspielerin Katrin Sass hält es für unakzeptabel, dass es in anderen Städten Fechter-Straßen gibt, nur nicht in Berlin. »Das kann doch nur ein Irrtum sein«, wundert sie sich.

Wo genau wäre ein authentischer Ort der Erinnerung in Berlin? Eine geeignete Straße? Für Freya Klier ist das klar: »Am besten jene, in der er erschossen wurde!« Aus Sicht von Klaus Schroeder vom Forschungsverbund SED-Staat kommt hinzu, dass die Zimmerstraße einen großen historischen Wert hat, weil sie über den ehemaligen Mauerstreifen hinweg Ost und West verbindet. Peter

Fechters Schwester Gisela Geue, die sich schon länger eine Straße für ihren Bruder wünscht, kennt keinen besseren Ort: »Dort, wo die Tat passiert ist, also in Mitte.«

Neben dem Bekenntnis und dem Wunsch, endlich mit einer Straße an Fechters Schicksal zu erinnern, gibt die Initiative darüber hinaus interessante Denkanstöße. Volker Hassemer, Vorsitzender des Vorstands der Stiftung Zukunft Berlin und ehemals Stadtentwicklungssenator der Hauptstadt, räumt ein, dass sich Berlin schwertut, an seine jüngste Vergangenheit zu erinnern. »Wir neigen dazu, die Zeit vor 1989 unter ›es ist vorbei‹ in die Schublade zu legen.« Eine Straße nach Peter Fechter zu benennen, sei ein notwendiger Schritt, um das in Erinnerung zu behalten, was in einer dramatischen Phase dem heutigen Berlin vorausging. Hassemer: »Solche Freiheitskämpfer zu Zeiten der Mauer waren nicht in der bewaffneten Auseinandersetzung mit einem unfreien System. Die Waffen gab es nur gegen sie. Bei Peter Fechter war mitanzusehen, in welcher Unerbittlichkeit sie eingesetzt wurden.« Berlin sei in jenen Jahren nicht nur ein Symbol der Unfreiheit gewesen, sondern auch ein unvergleichbarer Schauplatz des Kampfes um Freiheit. Berlin könne stolz darauf sein, dass es solche Menschen in der Stadt gab, auch wenn Fechters Flucht tragisch geendet ist. Dass Menschen wie er getötet wurden, sei ein nicht zu lindernder Schmerz. Aber, so Hassemer weiter: »Sie haben Entscheidendes dazu beigetragen, dass Berlin sich in seine Zukunft hinein als Ort der Freiheit entwickeln kann. Das ist ein großes und wertvolles Geschenk für uns, wir müssen es im Interesse unserer eigenen Zukunft festhalten. Dafür, dass wir das dürfen, müssen wir Menschen wie Peter Fechter ehren.«

Um die Stimmung in der weiteren Bevölkerung abzubilden, ruft die *Morgenpost* ihre Leser auf, sich zu äußern. Zahlreiche Briefe, Mails und Telefonate gehen bei der Redaktion ein. »Überfällig; höchste Zeit; der richtige Augenblick«: So lässt sich das Meinungsbild jener zusammenfassen, die sich äußern und in der überwiegenden Mehrheit für eine Straßenbenennung aussprechen. Wie die Politiker und Bürgerrechtler sehen die Leser in einem Straßenschild ein sichtbares Zeichen für ein Gedenken an das Maueropfer, für die Erinnerung an ein Regime, das Menschen wie Peter Fechter die Freiheit nicht gönnte, die diese selbst für sich wollten, sowie ein Mahnmal für künftige Generationen, sich der Tragweite des Geschehens bewusst zu werden. Einige der Leser äußern sich verwundert, dass es nicht längst eine Fechter-Straße in Berlin gibt, das Urteil darüber reicht von »nicht zu fassen« bis »ungeheuerlich« und »eine Schande«. Thomas Heusner schreibt in seinem Leserbrief: »Selbst in meinem langjährigen Heimatstädtchen Monheim am Rhein gibt es einen Peter-Fechter-Weg.«

Andere Leser geben sich als Zeitzeugen des Geschehens im August 1962 zu erkennen. Helga Rauer ist als 17-Jährige einen Tag nach der Ermordung Fechters an die Westseite der Mauer gelaufen und hat ihre Wut über die Mauer herausgeschrien, sich aber auch hilflos gefühlt: »Ich habe geheult über das, was man diesem jungen Menschen angetan hat. Die Situation war dermaßen aufgeheizt, und keiner wusste, was passieren konnte – aber alle sind geblieben.« Das Schicksal Fechters habe sie all die Jahre nicht losgelassen, sie habe davon auch immer wieder ihrer Tochter erzählt, »sodass sie selbst als Kind seinen Namen sowie die Grausamkeit und Willkür dieses Unrechtsstaates kennenlernte«. Günther Krüger, 1962 ebenfalls 17 Jahre alt, hat an den Protesten teilgenommen. »Tausende haben sich an der Koch-, Ecke Friedrichstraße versammelt, um ihren Unmut zu bekunden.« Ihn habe der Tod des nahezu Gleichaltrigen tief erschüttert. »Immer wieder riefen wir: Mörder, Mörder.«

Am Ende äußert sich auch der damalige Regierende Bürgermeister Klaus Wowereit: »Ich begrüße den Vorschlag, die Zimmerstraße umzubenennen, hier, wo er erschossen wurde und wo die Gedenkstele steht«, sagt Wowereit am Rand einer Kranzniederlegung. »Ich hoffe, dass die Gremien in Mitte der Initiative eine positive Begleitung geben.« Damit deutet Wowereit an, wo der Spielball liegt, nämlich nicht bei ihm, sondern bei den Bezirksämtern. Auch dort gibt es zunächst Zuspruch für die Idee. »Im Sinne einer historischen Erinnerung finde ich eine Straßenumbenennung nach Peter Fechter angemessen«, sagt Mittes Bürgermeister Christian Hanke. Doch schon bald machen sich Zweifel, Zögern und bürokratisches Denken breit. Der Kulturausschuss der BVV Mitte findet, es gebe keinen Grund für überstürztes Handeln. Man werde aber sorgfältig prüfen, äußert sich Vera Morgenstern von der SPD-Fraktion in der *Berliner Zeitung*. Andere weisen auf einen Beschluss der BVV hin, dass auf absehbare Zeit Straßen nur nach Frauen benannt werden können, bis Gleichstand zwischen Frauen- und Männernamen erreicht ist. »Na, dann wird daraus in den nächsten 50 Jahren nichts werden«, schließt der Rechtsanwalt und Kunstmäzen Peter Raue, selbst Befürworter einer Peter-Fechter-Straße. Sicherlich, Ausnahmen von der Frauenquote kann es geben. So hat der Bezirk Friedrichshain-Kreuzberg einen Teil der Kochstraße in Kreuzberg in Rudi-Dutschke-Straße umbenannt und will im November 2012 die Gabelsbergerstraße im Friedrichshain Silvio Meier widmen, einem Opfer rechter Gewalt.

Raue ist mit dem Fall Peter Fechter auch persönlich verbunden. Beim Mauerbau im August 1961 lebt er noch in Hamburg und hat das Geschehen aus der Distanz betrachtet. Doch einen Monat später beginnt er sein Studium in West-Berlin. Er lernt Fluchthelfer kennen, reist in den Osten der Stadt, um sich selbst einen Eindruck vom Leben dort zu verschaffen. Das Bild des sterbenden Peter Fechter brennt sich in das Gedächtnis des Studenten Raue ein. Präsent ist ihm ein halbes Jahrhundert später aber auch noch die menschenverachtende Brutalität der DDR-Machthaber, »die es für lobenswert hielten, wenn die Grenzpolizisten fliehende Menschen erschossen haben«. Daher unterstützt er die Straßenbenennung. »Nicht, weil hier ein junger Mann tollkühn versucht hat, in die Freiheit zu fliehen, das haben viele andere auch getan

(…), sondern weil der Name Peter Fechter geradezu paradigmatisch erinnert an ein System, das die Menschen vor dem Verlassen des Staates nur durch eine Mauer inmitten eines zu Recht sogenannten Todesstreifens hindern konnte.« So werde der Straßenname Peter Fechter zu einem Mahnmal gegen staatliches Unrecht.

Auf der Zimmerstraße verläuft die Bezirksgrenze zwischen Mitte und Friedrichshain-Kreuzberg. Daher will im Herbst 2012 auch Kreuzbergs CDU die Initiative der Kollegen in Mitte unterstützen und in der eigenen Bezirksverordnetenversammlung einen Antrag stellen, einen Teil der Straße »im Einvernehmen mit Mitte« nach Peter Fechter zu benennen. Ihre Hoffnung: 2010 hat der Berliner Bezirk Neukölln ein Stück der Britzer Allee zu Ehren des Mauerflüchtlings Chris Gueffroy benannt. Doch die verantwortlichen Lokalpolitiker in Mitte haben inzwischen weitere Argumente gegen eine Straßenumbenennung gesammelt. Grünen-Fraktionschefin Andrea Fischer verweist auf die Fechter-Gedenkstele in der Zimmerstraße und hält sie als Würdigung für angemessen, oder anders ausgedrückt: für ausreichend. Ein weiteres Argument: Die Straße ist nach den Zimmerleuten benannt, die die Friedrichstadt aufgebaut haben, dies sei ein wichtiges kulturhistorisches Zeugnis für den Kern Berlins.

So windet sich der Bezirk Mitte letztlich aus der Verantwortung. Er sieht Pankow in der Pflicht, zu dem der Ortsteil Weißensee gehört, in dem Fechter aufgewachsen ist. In Pankow jedoch reagiert man nicht anders als in Mitte: Eine Würdigung für Peter Fechter? Selbstverständlich. Bei uns? Schwierig. Ihn rühre es jedes Mal aufs Neue an, im August an das Schicksal dieses jungen Menschen erinnert zu werden, meint der Stadtrat für Stadtentwicklung, Jens-Holger Kirchner. Pankow unterstütze daher die Forderung nach einer Straße, die Peter Fechter heißen soll: »Wir sind da aufgeschlossen, und es wäre angemessen, nicht nur einmal jährlich an sein Schicksal zu erinnern, sondern ihn dauerhaft zu ehren.« Aber ihm sei bislang keine Initiative dazu in seinem Bezirk bekannt. Zudem schränkt der Pankower Lokalpolitiker ein: Oft würden Anwohner eine Straßenumbenennung grundsätzlich wegen des großen Verwaltungsaufwands ablehnen. Sein Vorschlag: eine Grünanlage nach Peter Fechter zu benennen und einen Gedenkstein zu errichten. Doch auch hier geschieht nichts.

Gleiches trifft auf den dritten Versuch zu, das Grab auf dem Friedhof der Auferstehungsgemeinde in Weißensee zur Ehrengrabstätte des Landes Berlin zu machen – für die Dauer von zwanzig Jahren. Bereits 2005 und 2010 hat das Bezirksamt Pankow dies auf Initiative der BVV gefordert. Jedes Mal hat die Senatskanzlei abgelehnt. Ende August 2012 stellt die BVV Pankow erneut einen entsprechenden Antrag. Angesichts der Beispielhaftigkeit für die Teilung Berlins »eine Selbstverständlichkeit«, heißt es in der Begründung. Außerdem hoffen die Lokalpolitiker, dass sich die ablehnende Haltung angesichts der seit Wochen laufenden Debatte über eine Straßenumbenennung geändert haben könnte.

Doch im Oktober 2012 kommt erneut ein Ablehnungsbescheid. Ein wesentliches Kriterium sei nicht erfüllt, heißt es aus dem Roten Rathaus: Gemäß Friedhofsgesetz werden Ehrengrabstätten für Persönlichkeiten mit besonderen Verdiensten eingerichtet. Als solche gelten »Verstorbene, die hervorragende Leistungen mit engem Bezug zu Berlin vollbracht oder die sich durch ihr überragendes Lebenswerk um Berlin verdient gemacht haben«. Dieses Kriterium, so die Senatskanzlei, treffe für Peter Fechter nicht zu. Ihr »Trost« für die Kollegen in Pankow: Sein Grab sei doch aber als Grabstätte eines Opfers von Krieg und Gewaltherrschaft anerkannt – aus Sicht des Senats die prominentere Ehrung. Dazu komme: Die Stätte sei damit dauerhaft gesichert.

Zur gleichen Zeit findet im Auswärtigen Amt in Berlin anlässlich des 20. Jahrestages des UNESCO-Programms »Memory of the World« ein Festakt statt. Dabei wird am 10. Oktober 2012 die Urkunde für die Aufnahme von 15 Dokumenten über den Bau und den Fall der Mauer sowie den Zwei-Plus-Vier-Vertrag als neuen deutschen Beitrag für das Register des Weltdokumentenerbes übergeben. Nominiert haben die Dokumente im Jahr zuvor gemeinsam die deutsche UNESCO-Kommission und das Zentrum für Zeithistorische Forschung Potsdam (ZZF). Der Antrag ist erfolgreich. Am 25. Mai 2011 nimmt die Generaldirektorin der UN-Kulturorganisation, Irina Bokowa, die 15 Zeugnisse – Filmsequenzen, Fotos und offizielle Papiere – auf. Dokument 9 ist das Foto eines West-Berliner Polizisten vom sterbenden Peter Fechter direkt am Fuß der Mauer. Der Uniformierte hat sich an der Mauer hochgehangelt und auf den Auslöser der Kamera gedrückt, die ihm zuvor jemand gereicht hat. Man sieht im Bild den unter Stacheldraht und in seinem Blut liegenden Flüchtling ohne Schuhe, die Socke des rechten Fußes ist halb ausgezogen. Links ist schemenhaft eine Hand auf der Mauer zu sehen, die von dem Fotoreporter Wolfgang Bera stammen muss, der das Sterben ebenfalls dokumentiert. Die Aufnahme zeigt zugleich die Hilflosigkeit der westlichen Seite. Mehr als das Grauen auf Bild festzuhalten, trauen sich die Augenzeugen nicht, schon das hat damals nach den Bestimmungen der DDR eine Verletzung der Grenze bedeutet.

Knapp acht Monate nach dem Festakt 2012 im Auswärtigen Amt rückt das Thema Fechter erneut auf die Tagesordnung der Berliner Lokalpolitik. Die CDU-Fraktion der BVV Mitte ersucht das Bezirksamt, den Bereich um die Stele in der Zimmerstraße mit dem Ziel aufzuwerten, dass er »in einen würdigen und auch deutlich sichtbareren Ort des Erinnerns an die Mauerverbrechen umgestaltet wird, als es momentan ist«, heißt es in dem Antrag vom 4. Juni 2013. Ein interessanter Alternativvorschlag soll den Stillstand bei der Straßenumbenennung beenden: Die Fraktion schlägt dem Bezirksamt vor, zu prüfen, »ob der neu gestaltete Bereich den Namen Peter-Fechter-Platz (keine Postanschrift) erhalten kann«.

Der Hinweis in Klammern ist den Antragstellern wichtig, denn so kann der Name des Platzes zwar in den Stadtplan aufgenommen werden und damit auffindbar sein, es ist aber kein Eingriff in die »momentane Benennung der Zimmerstraße oder ein Eingriff in deren Hausnummerierung« notwendig. Zudem regt die Fraktion zur Aufwertung des Bereichs konkret an: rechts und links von der Stele ein Halteverbot einzuführen und den Boden auf besondere Weise zu pflastern – »das Doppelsteinband BERLINER MAUER umrahmend, vielleicht mit eingelegtem Hinweis DENKMAL«. Zusätzlich sollen an der Kreuzung Friedrichstraße / Kochstraße zwei Hinweisschilder angebracht werden, wie sie im touristischen Leitsystem Berlins für Institutionen und Bauwerke üblich sind. Schließlich rät die CDU zu einer gut sichtbaren Informationstafel. Als Grund der Vorschläge werden nicht nur die besonders grausamen Todesumstände und der Symbolcharakter des Falles angegeben, sondern wie im Jahr zuvor bei der Debatte zur Straßenumbenennung die Tatsache, dass die Erinnerung an die SED-Diktatur zunehmend in den Hintergrund rücke. Zugleich soll dokumentiert werden, dass dieses Regime nicht nur Unterdrückung und Bespitzelung durch die Staatssicherheit ausgezeichnet hat. »Nein, dieses System hat sich angemaßt, seine Bewohner als unmündiges Eigentum zu behandeln.«

Am 13. Juni 2013 beschließt die BVV Mitte dann endgültig, einen Teil der Zimmerstraße nicht nach Peter Fechter zu benennen, stimmt aber dem Antrag zur Aufwertung des Bereichs um die Stele herum zu. CDU-Generalsekretär Kai Wegner bezeichnet den Beschluss als »kleine Lösung«. Diese sei zum einen richtig, weil die Stele am Straßenrand sehr isoliert stehe. Andererseits sei es falsch, die Straße an dieser Stelle nicht nach Fechter zu benennen. Auch Hubertus Knabe, Direktor der Stasi-Gedenkstätte Hohenschönhausen, ist mit dem Bezirksbeschluss unzufrieden: »Schließlich gibt es so gut wie keine Straßen in Berlin, die an Opfer der kommunistischen Diktatur erinnern.«

Wegner, der offenbar auch der Alternativlösung angesichts der Stimmung im Bezirk wenig Chancen einräumt, fordert den Senat auf, sich der Sache anzunehmen. Ein letzter Versuch, die Initiative zu retten. »Das ist keine kommunalpolitische, sondern eine Berliner Aufgabe«, zitiert die *Berliner Morgenpost* ihn, der ankündigt, einen Brief an Senatskanzleichef Björn Böhning zu schreiben. Immerhin hat sich auch der Regierende Bürgermeister für eine Umbenennung der Zimmerstraße ausgesprochen. Doch offensichtlich will Klaus Wowereit keinen Kompetenzstreit mit den Bezirken beginnen.

Im November 2013 starten die Berliner Verbände der Verfolgten Kommunistischer Gewaltherrschaft einen Vorstoß beim Bezirksbürgermeister von Mitte. Sie haben die Initiative im Jahr zuvor mit angeschoben und wollen sich mit der bürokratischen Entscheidung nicht abfinden. Ihr Schreiben beginnt: »Gemeinsam werden wir uns das Versäumnis zurechnen lassen müssen, dass wir im vergangenen Jahr die Umbenennung eines Teils der Zimmerstraße in / als ›Peter-Fechter-Straße‹ anlässlich des 50. Todestages von Peter Fechter nicht bewältigt haben.« Dass die Berliner Verwaltung rechtliche Bedenken habe und in der BVV Mitte keine Mehrheit zu erringen sei, könne »nicht das letzte Wort in dieser über Berlin hinausreichenden Angelegenheit sein«. Weiter heißt es: »Die Würdigung der Todesopfer des DDR-Grenzregimes im öffentlichen Raum ist ein moralisches und historisches Gebot.« Die Opferverbände fordern den Bezirk auf, sich der Sache nochmals anzunehmen und in der BVV initiativ zu werden.

Doch das Gegenteil geschieht: Im Juli 2014 lehnt das Bezirksamt auch die Aufwertung des Areals um die Gedenkstele in der Zimmerstraße ab. Ein Jahr hat das Amt gebraucht, um zu dieser Entscheidung zu kommen. Zur Begründung heißt es: Da man »weder Eigentümer der Stele noch Inhaber der Urheberrechte an dem Kunstwerk« sei, hält man Veränderungen rechtlich für nicht möglich.

Angesichts der Vorgeschichte und der Statements beim künstlerischen Wettbewerb ist allerdings schwer vorstellbar, dass der Axel

Springer Verlag und der Künstler Karl-Heinz Biedermann das Vorhaben einer Aufwertung nicht mittragen würden – haben sie doch bewiesen, welchen hohen Stellenwert die Geschichte Fechters für sie hat. Wie das Amt auf eine Anfrage der Linke-Abgeordneten Christiane Hoff vom 4. Juni 2014 mitteilt, habe sich die Kultur-Abteilung im März mit dem Künstler an der Stele getroffen. Hoff hat sich nach dem Stand des von der CDU vorgeschlagenen Gesuchs, dem die BVV zugestimmt hatte, erkundigt und dabei gefragt, ob Biedermann in »die Erweiterung des Lern- und Erinnerungsortes für Peter Fechter« einbezogen wird. Das Amt bestätigt ihr immerhin, dass der Künstler an einer Zusammenarbeit interessiert ist. Warum dann die Ablehnung?

Die Besichtigung hat das Amt letztlich in der Haltung bestärkt, nichts zu ändern. Es hebt in der Antwort an Christiane Hoff am 28. Mai 2014 hervor, dass die Stele in einem gepflegten Zustand ist und regelmäßig durch den Eigentümer Axel Springer Verlag gewartet und gesäubert wird, und stellt fest, dass die Stele mit der Aufschrift und eine Informationstafel in Sichtweite ausreichend Informationen zum gewaltsamen Tod Fechters am 17. August 1962 geben. Abgelehnt wird auch die Ausschilderung »im Rahmen des touristischen Wegeleitsystems (weiße Schrift auf blauem Schild)«. Dafür sei die Senatsverwaltung für Stadtentwicklung und Umweltschutz zuständig, an die man sich gewandt habe. Von dort habe man die Auskunft erhalten, dass es an historischen Hinweisen in Berlin nicht mangele, dass man einen »Schilderwald« vermeiden wolle und daher »keine Stelen, Wegmarken, Gedenktafeln o. Ä.« ausschildere.

Schließlich wird per Beschluss vom 29. Juli 2014 der Vorschlag, dem neu gestalteten Bereich den Namen Peter-Fechter-Platz zu geben, »aus fachlichen Gründen zurückgewiesen«. Weil die Stele auf dem Gehweg stehe, sei dort keine Parkfläche vorhanden. Die Benennung dieses Areals in »Platz« würde einen Teil des Gehweges unterbrechen, angrenzende Gebäude am neuen Peter-Fechter-

Platz müssten ihre Hausnummerierung über diesen Namen erhalten. Einwand: »Dies wirkt der bisher vorhandenen eindeutigen Orientierung entgegen.« Ein vorgeschobenes Argument, denn die knapp neunhundert Meter lange Zimmerstraße auf maximal zwanzig Meter Länge zu unterbrechen, kann schwerlich zum Orientierungsverlust führen.

Als minimales Zugeständnis sorgt das Amt dafür, dass künftig fünf Meter rechts und fünf Meter links der Stele keine Autos mehr parken. Bis zum nächsten Jahrestag des Mauerbaus am 13. August 2014 werden die Markierung für zwei Stellflächen entfernt und Poller aufgestellt, damit niemand auf die Fläche fahren kann. Wie der Bezirk vorrechnet, verzichtet er damit auf jährlich rund 820 Euro Parkgebühren.

Immerhin wird an Peter Fechter ab 2014 an einem zusätzlichen Ort erinnert: Am 14. Januar, der sein 70. Geburtstag gewesen wäre, wird eine Gedenktafel in der Behaimstraße 11 in Weißensee enthüllt, wo Fechter aufgewachsen ist. Die Ehrung hat das Wohnungsunternehmen Gesobau initiiert, der Eigentümer des Hauses. Man fühle sich seinem Andenken verpflichtet und habe »die Initiative ergriffen, eine Berliner Gedenktafel bei der Historischen Kommission zu Berlin in Auftrag zu geben«, teilt das kommunale Unternehmen mit. Der bei der Gesobau eigentlich für Technik zuständige Michael Schneider hat in einem Fernsehbeitrag erfahren, dass Fechter in der Behaimstraße wohnte, und seine Kollegen für den Vorstoß gewinnen können. Die gleiche Idee hat auch der Bezirk verfolgt, nachdem Bürgermeister Matthias Köhne 2012 mit dem Versuch beim Senat gescheitert ist, Fechters Grab zu einer Ehrengrabstätte ernennen zu lassen. Köhne nimmt an der Tafelenthüllung teil und sagt: »Peter Fechter ist einer der berühmtesten Mauertoten. Sein Schicksal verdeutlicht, wie wertvoll Freiheit und Demokratie sind, zwei Güter, die wir in unserem Alltag oft für selbstverständlich halten.« Lars Holborn, Prokurist der Gesobau, erinnert daran, dass Fechter ein ganz normaler Berliner war,

»einer von den Menschen mit Träumen, Wünschen und Hoffnungen, die sich nicht von der deutschen Teilung aufhalten ließen«. Bei der Enthüllung der Tafel ist auch Fechters Schwester Gisela Geue dabei. Eine wirklich sichtbare Erinnerung ist die Gedenktafel jedoch nicht. Sie wird im Innenhof des Hauses angebracht, wo sich der Eingang der Nummer 11 befindet. Passanten auf der Straße bleibt die Tafel damit verborgen.

So ist es auch bis zum 60. Jahrestag des Mauerbaus 2021 den Veranstaltungen am 13. August vorbehalten, an das Schicksal von Peter Fechter öffentlich zu erinnern. Im Bezirk Pankow gedenken der Bürgermeister oder sein Stellvertreter, der BVV-Vorsteher und Vertreter sowie Vertreterinnen der Fraktionen im Kommunalparlament an seinem Grab auf dem Friedhof der evangelischen Auferstehungsgemeinde Weißensee der Berliner Maueropfer und bezeichnen dieses Gedenken als Auftrag und Verpflichtung.

An der Bernauer Straße, wo sich seit 1998 das offizielle Mahnmal für die Opfer der Mauer in der Hauptstadt befindet, werden am Vormittag Kerzen angezündet, Reden gehalten und in der Kapelle der Versöhnung wird eine Andacht abgehalten. Schweigend geht es direkt im Anschluss an jedem 13. August an der Stele in der Zimmerstraße zu. Anwesend sind die obersten Repräsentanten der Berliner Landesregierung, des Abgeordnetenhauses und des Axel Springer Verlags sowie die Vertreter von Opferverbänden, Aufarbeitungsinstitutionen und der Alliierten. Sie legen Kränze und Blumengestecke nieder und verharren im stillen Gedenken an die Opfer der Berliner Mauer. Ein Polizeiorchester intoniert zum Abschluss die Nationalhymne. Ebenso erscheint Gisela Geue. Seit dem Tod ihrer Schwester Ruth 2005 kommt sie allein, und jedes Mal kostet es sie Überwindung. Es ist eine Verbeugung vor ihrem Bruder, der sterben musste, nur weil er in Freiheit leben wollte. Worüber seine Schwester nicht spricht, aber was zu ihrer Geschichte gehört: Die Folgen der Reaktion des SED-Regimes auf seinen Fluchtversuch machen sich bei ihr auch fast sechzig Jahre später noch an ihrer Rente bemerkbar, die niedriger ausfällt, weil ihr durch die erzwungene Arbeitslosigkeit Beitragszeiten fehlen und die schlechtere Entlohnung der unterqualifizierten Jobs in den Jahren danach im Vergleich zu ihrer ursprünglichen Tätigkeit die Rente drückt.

Nur selten wird in all den Jahren von diesem Ablauf an der Stele am 13. August abgegangen – die Sprachlosigkeit in Anbetracht dieser grausamen Tat soll sich im Schweigen ausdrücken. 2003 lesen jedoch die Schauspielerinnen Christine Kugler und Susann Kloß aus einem Essay über Fechters Tod vor: *So holt mich doch endlich, springt doch einfach alle von der Mauer, sie schießen doch nicht auf alle, das wagen sie doch nicht …* 2021 lädt die Axel Springer SE zum 60. Jahrestag des Mauerbaus Teilnehmer der Gedenkveranstaltung zu einem »meet together« ein, um sich über das einstige Geschehen auszutauschen.

Ebenfalls zum Mauerbau-Jubiläum wird in einer Doku-Schau an vier Berliner Kameramänner erinnert, deren filmisches Werk Weltgeschichte geschrieben hat. Zu ihnen gehört der 2019 verstorbene Herbert Ernst, der den Abtransport Peter Fechters aufgenommen und damit wesentlich dafür gesorgt hat, dass das Sterben des 18-jährigen Flüchtlings weltweit wahrgenommen worden ist.

Ob es jemals eine Peter-Fechter-Straße geben wird, muss sich zeigen. Seine Schwester Gisela Geue würde sich noch immer darüber freuen, wie sie im Frühjahr 2022 sagt. Gleichwohl ist sie ernüchtert über die erfolglos gebliebenen Initiativen in der Vergangenheit. Sie ist sich zudem nicht sicher, ob heutige Generationen noch Interesse an der Geschichte ihres Bruders haben. Ein Schicksal, an das es – auch mit einer Straße – zu erinnern lohnt, ist es aber allemal. Und ein zeitlos bewegendes dazu. Bis zum Redaktionsschluss dieses Buches ist in den infrage kommenden Berliner Bezirken keine Initiative bekannt. Bei der Bezirksverordnetenversammlung Mitte geht im Februar lediglich der Antrag ein, eine

Straße oder eine Grünfläche nach der Entertainerin Helga Hahnemann zu benennen, ein durchaus löbliches Ansinnen.

Man ist angesichts dieser Tatenlosigkeit vor dem 60. Todestag von Peter Fechter an die Debatte von 2012 erinnert, in der Ernst Elitz, ehemals Intendant des Deutschlandradios, eine Straße nicht nur als »Ehrenpflicht für Berlin« bezeichnet hat, sondern auch als Zeichen gegen das Leugnen, das Verdrängen und das Vergessen. Das Geschehen am 17. August 1962 habe den Lauf der Geschichte bewegt. »Peter Fechters Tod hat sich eingeprägt in das Weltgewissen, weil die DDR-Grenztruppen den Schwerverletzten vor den westlichen Kameras verbluten ließen. Diese Bilder des Grauens sind Dokumente einer menschenverachtenden Politik. Wenn der Schrecken sich fernab von Berlin bei den verantwortlichen Politikern und den Bürgern noch nicht in die Seele eingebrannt hatte, dann ist das durch diese Bilder geschehen«, so Elitz. Sie stünden zugleich für den Freiheitswunsch der Berliner. Daran zu erinnern, sollte den Stadtoberen wichtig sein, »sonst hätten sie nichts von dieser Stadt verstanden«, betont er 2012 auch mit Blick auf die Demonstrationen der West-Berliner in den Tagen nach Fechters Tod. Eine Straße für Peter Fechter wäre ein Bekenntnis, »dass an die Stelle von Geschichtsvergessenheit Geschichtsbewusstsein tritt«.

Der Publizist stellt schließlich die Frage: »Was ist ein Straßenschild?« und antwortet darauf selbst, die bürokratischen Einwände, die es bis heute gegen Straßenumbenennungen gibt, vorausahnend: »In Berlin sind Straßen nach verdienstvollen Männern und Frauen benannt, an deren Verdienste sich heute kaum noch jemand erinnert. Das macht sie nicht wertlos. Straßennamen sind wie die Seiten in einem Geschichtsbuch. Sie zeigen, was den Menschen in ihrer Zeit wichtig war. Sie stehen für Leistungen, die über den Tag hinausweisen. Deshalb sind Straßennamen mehr als nur Orientierungspunkte im Stadtplan-Gewirr.« Der Straßenname rege schließlich dazu an, sich auch in künftigen Zeiten ein Bild von diesem Menschen zu machen, argumentiert Elitz.

Am Ende kommt er noch einmal auf den 18-jährigen Flüchtling vom 17. August 1962 zurück: »Peter Fechter war ein einfacher junger Mann, ihn schmückte weder Doktortitel noch Ministeramt. Er saß an keinem Verhandlungstisch, es gibt keinen Text über ihn, der in einem Schulbuch steht. Er war ein Berliner, der die Freiheit liebte und der für diese Freiheitssehnsucht sein Leben gab. Mit dieser Sehnsucht war er nicht allein.«

… er wollte nur die Freiheit: eines der wenigen Porträts des jugendlichen Peter Fechters.

Dieses Gesicht

Nachwort von Roland Jahn

Ein Buch über Peter Fechter. Nun ja, möchte man meinen, das gehört sich wohl so, zum 60. Jahrestag dieses schrecklichen Todesfalles an der Berliner Mauer. Ein Buch über Peter Fechter? Braucht die Welt das noch? Viel Neues kann das doch nicht bieten, könnte man meinen. Haben wir uns nicht schon alle ausführlich mit diesem Tod beschäftigt?

Das Buch belehrt mich eines Besseren. Beim Lesen erscheint es mir zunehmend unwichtiger, die Hoheit über Details zu gewinnen. Dafür bewegen mich umso mehr Fragen darüber, was in den Köpfen der Menschen vor sich ging, die dabei waren. Warum handeln Menschen so? Was hat sie dazu gebracht? Hätten sie auch anders handeln können?

Aus unterschiedlichen Perspektiven rekonstruieren Lars-Broder Keil und Sven Felix Kellerhoff minutiös eine unglaubliche Geschichte, die man im ersten Moment mit kräftigen Worten kommentiert sehen möchte. Doch genau das geschieht in diesem Buch nicht. Es ist gerade die unaufgeregte und dennoch spannende Erzählweise, der es gelingt, mich mitzunehmen auf dem Weg in die Zeitgeschichte.

Die Sachlichkeit im Text gibt mir, dem Leser, den Freiraum für die eigenen Emotionen. Ich fühle die Aufregung mit, als Peter Fechter und sein Freund Helmut Kulbeik durch die Berliner

Schützenstraße in den Hof der Tischlerei direkt am Todesstreifen gehen. Fast hoffe ich, dass sie es beide schaffen, und doch weiß ich, dass einer sterben wird. Ich bin froh, Peter Fechter lebend zu erleben. Mit ihm im Versteck unter Sägespänen zu liegen, zu hoffen, dass die Freiheit nicht mehr fern ist. Es ist diese Beschreibung der Details, die mir das Denken und Empfinden der Menschen nahebringt und mich nicht mehr loslässt.

Der Film im Kopf beim Lesen wird verstärkt durch die eindringlichen Fotos. Am meisten bewegt mich ein einfaches Passbild von Peter Fechter. Ein junger Mann mit zartem Gesicht. Bereit, einzusteigen in sein Leben. Was wäre aus ihm geworden? Hätte er geheiratet, Kinder gehabt? Seine berufliche Erfüllung gefunden? Wo wäre er beim Mauerfall gewesen? Ein einfaches Passfoto bekommt eine neue Bedeutung. Es ist diese unschuldige Sehnsucht nach Leben in seinem Gesicht, die den Irrsinn des politischen Systems in der DDR besonders sichtbar macht.

»Du wolltest in die Freiheit und musstest sterben.« Das schrieb Peter Fechters Schwester Lilo auf den Trauerkranz zu seiner Beerdigung. »Er hätte es doch wissen müssen, dass an der Grenze geschossen wird.« Das sagt der Volkspolizist Heinrich Mularczyk, der ihn blutend aus dem Todesstreifen wegtrug. Mit dieser Meinung steht er nicht allein. »Wer sich in Gefahr begibt, der kommt darin um.« So kommentierte DDR-Propagandist Karl-Eduard von Schnitzler den Tod Peter Fechters. Der Zynismus der SED-Funktionäre ist schlimm, aber nicht anders zu erwarten gewesen. Schlimmer ist für mich, dass es diese Haltung auch in der ganz normalen Bevölkerung der DDR gab, wie ich erst unlängst wieder in einer Fernsehumfrage hören konnte. Da sagte einer: »Wer sich nicht an die Regeln des Staates hielt, durfte sich nicht wundern, dass er die Folgen spürte, der war selbst schuld.«

Selbst schuld, wer als Mensch geboren wurde? Selbst schuld, wer seine Menschenrechte wahrnimmt? Was war das für ein Land, in dem Menschen selbst schuld waren, wenn sie an der Grenze erschossen wurden? Was war das für ein Land, in dem der Wunsch nach Freiheit, in dem die Sehnsucht nach Selbstbestimmung tödlich sein konnte? Was war das für ein Land, in dem die Menschen Todesschüsse an der Mauer ganz normal fanden? Fragen über Fragen. Dieses Buch über den Fall Peter Fechter wirft für mich mehr Fragen auf, als es jemals beantworten kann. Und das ist gut so. Dieses Buch gibt Denkanstöße. Gerade weil es Fragen provoziert, zu denen es keine einfachen Antworten gibt.

Wir brauchen noch viele Bücher zu diesen Themen, denn Bücher über das Wirken der Diktatur sind vor allem Lehrbücher für unsere Demokratie. Ganz besonders für die nächsten Generationen. Je besser wir Diktatur begreifen, umso besser können wir Demokratie gestalten. Und dazu brauchen wir mehr Geschichten, mehr Forschung.

Wie war das System der Angst organisiert, das die Diktatur zusammenhielt? Wie funktionierte das Zusammenspiel von SED, Stasi und den anderen Staatsorganen? Warum haben so viele mitgemacht, sich so viele Menschen angepasst? Gerade beim Thema Anpassung denke ich oft: Eigentlich stehen wir immer noch fast am Anfang der Aufarbeitung der DDR. Aber diese Vergangenheit ist nicht nur ostdeutsche Vergangenheit. Dieses Buch zeigt, es geht um gesamtdeutsche Geschichte.

»Helft mir doch, helft mir doch«, so werden Peter Fechters letzte Worte auf der Titelseite der *Berliner Morgenpost* vom 18. August 1962 wiedergegeben. Ein Mensch angeschossen, fast eine Stunde blutend im Todesstreifen – und keiner hilft. Nicht die DDR-Grenzer, nicht die West-Berliner Polizei, nicht die Militärpolizei der amerikanischen Schutzmacht. Warum hat keiner geholfen? Es gibt Erklärungsansätze. Sie erscheinen wie Ausreden: Wie viel ist ein Menschenleben wert? Welche Gefahr kann man in Kauf nehmen, um es zu retten? Ist die mögliche Beeinträchtigung der politischen Großwetterlage wichtiger als das Leben eines Einzelnen?

Aufklärung kennt kein Ende. Es ist wichtig, weiter Antworten zu suchen. Darauf, warum Menschen sich bereit erklären, im Dienst einer Ideologie andere zu töten. Darauf, warum Menschen sich zum Töten bereit erklären – nur weil ein Regime das Verlassen des Landes zu einem kriminellen Akt erklärt und diejenigen, die es dennoch tun, zum Abschuss freigibt.

Die Erinnerung an Peter Fechter lebt. Sie geht weit über das junge Leben des Bauarbeiters aus Ost-Berlin hinaus. Ein Buch über Peter Fechter? Ja, immer wieder. Es ist gut, dass es das Buch »Mord an der Mauer« gibt. Es ist gut, sich zu erinnern. Es ist gut, immer wieder neu zu fragen, warum Peter Fechter starb.

Danksagung

Vergangenheit vergeht niemals, sie bleibt. Allerdings bedarf es manchmal einer kleinen Erinnerung, um sich ihrer erneut bewusst zu werden. Deshalb sind wir froh und glücklich, zehn Jahre nach dem ersten Erscheinen unserer Recherchen zum Leben, Sterben und Nachleben von Peter Fechter in Buchform anlässlich des 50. Jahrestages seiner tragisch gescheiterten Flucht eine komplett überarbeitete, aktualisierte und um seinerzeit noch nicht vorliegende Erkenntnisse ergänzte Neuausgabe zum 60. Todestag vorlegen zu können.

Den Anstoß gab der Vorstand der Berliner Unterwelten e. V. Die Zimmerstraße war nicht nur wegen der »Grenzübergangsstelle Friedrichstraße«, besser bekannt als »Checkpoint Charlie« und wegen des Sterbens Peter Fechters vor den Augen der internationalen Öffentlichkeit ein Brennpunkt der Teilung der deutschen Hauptstadt, sondern auch wegen zweier hier 1962 und 1972 gegrabener Fluchttunnel. Die Berliner Unterwelten erinnern daran mit zwei vor Ort im Boden eingelassenen Gedenktafeln – und so schlug der Vereinsvorsitzende Dietmar Arnold uns vor, das Buch über Peter Fechter neu vorzulegen. Möglich wurde das durch eine großzügige Unterstützung der Axel Springer Stiftung, für die wir Friede Springer und Erik Lindner sowie dem gesamten Vorstand herzlich danken. Daniel Zimmermann und das Team der Wissenschaftlichen Buchgesellschaft Darmstadt haben sich des Projekts mit Begeisterung angenommen, worüber wir uns sehr freuen.

Weiterhin danken wir all jenen, die uns vor dem Erscheinen der Erstausgabe 2012 bei unseren Recherchen geholfen haben. Einige von ihnen sind inzwischen verstorben, andere konnten wir für die Neuausgabe noch einmal befragen. Am wichtigsten für uns waren natürlich die Zeitzeugen, namentlich die Angehörigen der

Familie Fechter, Gisela und Klaus Geue, Jutta Döring und Simone Schicke sowie Jürgen und Mario Remmert. Ferner die Augenzeugen Renate Haase und Wolf-Dieter Zupke (†), Herbert Ernst (†), Heinrich (†) und Dagmar Mularczyk, Hartmut Moldenhauer und Heinz Schäfer. Helmut Kulbeik gab uns Einblick in sein Erleben der Flucht, Susanne Reimann und Manfred Kulbeik ergänzten wichtige Perspektiven ebenso wie Monika Hennig (†) und Gerd Reisich. Einige weitere Zeitzeugen wollten nicht namentlich genannt werden, weder im Buch selbst noch in dieser Danksagung. Daran halten wir uns selbstverständlich.

Für die tatkräftige Unterstützung bei den Recherchen danken wir den Mitarbeitern folgender Institutionen: Polizeihistorische Sammlung Berlin; Bundesarchiv Berlin; Bundesarchiv-Militärarchiv Freiburg; Gedenkstätte Berliner Mauer; Zentrum für Zeithistorische Forschungen Potsdam; Berliner Abgeordnetenhaus; Kirchhofverwaltung der Evangelischen Auferstehungsgemeinde Berlin-Weißensee; Landesarchiv Berlin; Abteilung Dokumentation und Gesellschaft beim Westdeutschen Rundfunk Köln; DEFA-Stiftung Berlin; Kreuzberg Museum für Stadtentwicklung und Sozialgeschichte Berlin; Genealogische Forschungs- und Sammelstelle der Kreisgemeinschaft Elchniederung. Einige Personen, die anonym bleiben wollen, haben uns Zugang zu wichtigen Akten ermöglicht.

Der dritte und letzte Bundesbeauftragte für die Stasiunterlagen, Roland Jahn, hat auf unsere Bitte hin ein neues Nachwort beigesteuert.

Berlin, 18. März 2022

Lars-Broder Keil Sven Felix Kellerhoff

Quellen- und Literaturverzeichnis

Benutzte Archive

AS Syndication der Axel Springer SE
Bibliothek und Dokumentation des Abgeordnetenhauses von Berlin
Bundesarchiv Berlin
Bundesarchiv-Militärarchiv Freiburg i. Br.
Dokumentationen der BVV Mitte / Pankow / Friedrichshain-Kreuzberg
Landesarchiv Berlin
Polizeihistorische Sammlung Berlin
Privatsammlung der Autoren
Unternehmensarchiv der Axel Springer SE

Befragte Zeitzeugen

Jutta Döring
Herbert Ernst (†)
Gisela und Klaus Geue
Renate Haase
Monika Hennig (†)
Helmut Kulbeik
Manfred Kulbeik
Hartmut Moldenhauer
Heinrich Mularczyk (†)
Susanne Reimann
Gerd Reisich
Jürgen und Mario Remmert
Heinz Schäfer

Simone Schicke
Wolf-Dieter Zupke (†)

Ausgewertete Zeitungen

Der Abend
Berliner Morgenpost
Berliner Woche
Berliner Zeitung
Bild
BZ
BZ am Abend
Hamburger Abendblatt
Life
Morgenposten
Neues Deutschland
New York Times
Der Spiegel
Der Tagesspiegel
Die Welt
Welt am Sonntag

Verwendete Literatur

Appel, Reinhard: Die Regierenden von Berlin seit 1945. Berlin 1996.

Behling, Klaus und Christian Behling: Berlin im Kalten Krieg. Schauplätze und Ereignisse. Berlin 2008.

Eisenfeld, Bernd und Roger Engelmann: Mauerbau, Fluchtbewegung und Machtsicherung. Bremen 2001.

Ewald, Uwe: Schlussvortrag für die Nebenklägerin Ruth Fechter. Urteil gegen ehemalige Angehörige der DDR-Grenztruppen im Fechter-Prozess, in: Neue Justiz 51 (1997), S. 407–408.

Flemming, Thomas und Hagen Koch: Die Berliner Mauer. Geschichte eines politischen Bauwerks. Berlin 1999.

Grafe, Roman: Deutsche Gerechtigkeit – Prozesse gegen DDR-Grenzschützen und ihre Befehlsgeber. München 2004.

Ders.: »Ein Akt barbarischer Unmenschlichkeit«. Der Tod des Mauerflüchtlings Peter Fechter vor 40 Jahren, in: Deutschland Archiv 35 (2002), S. 793–798.

Grebing, Helga, Gregor Schöllgen und Heinrich August Winkler (Hrsg.): Willy Brandt. Berliner Ausgabe. Band 3. Berlin bleibt frei. Politik in und für Berlin 1947–1966. Bonn 2004.

Hamann, Christoph: Schnappschuss und Ikone. Das Foto von Peter Fechters Fluchtversuch 1962, in: Zeithistorische Forschungen. Online-Ausgabe 2 (2005), Heft 2, URL: http://www.zeithistorische-Forschungen.de/16126041-Hamann-2-2005 [Stand: 11.03.2022].

HELP e. V. Hilfsorganisation für die Opfer politischer Gewalt in Europa (Hrsg.): Das gestohlene Leben. Dokumentarerzählungen über politische Haft und Verfolgung in der DDR. Berlin 2003.

Hertle, Hans-Hermann: Die Berliner Mauer. Monument des Kalten Krieges. Berlin 2007.

Hertle, Hans-Hermann und Maria Nooke (Hrsg.): Die Todesopfer an der Berliner Mauer 1961–1989. Ein biographisches Handbuch. Berlin 2009.

Hildebrandt, Rainer: Es geschah an der Mauer. Berlin 18. Aufl. 1992.

Jürgs, Michael: Der Verleger. Der Fall Axel Springer. München 2001.

Kaminsky, Annette (Hrsg.): Orte des Erinnerns. Gedenkzeichen, Gedenkstätten und Museen zur Diktatur in SBZ und DDR. Bonn 2004.

Kellerhoff, Sven Felix: Ortstermin Mitte. Auf Spurensuche in Berlins Innenstadt. Berlin 2007.

Koop, Volker: »Den Gegner vernichten«. Die Grenzsicherung der DDR. Bonn 1996.

Marxen, Klaus, Gerhard Wehrle und Petra Schäfter: Die Strafverfolgung von DDR-Unrecht. Fakten und Zahlen. Berlin 2007.

Merseburger, Peter: Willy Brandt. 1913–1992. Visionär und Realist. Stuttgart 2002.

Möller, Horst, Klaus Hildebrand und Gregor Schöllgen (Hrsg.): Akten zur Auswärtigen Politik der Bundesrepublik Deutschland 1962. Band II: 1. April bis 31. August 1962. München 2010.

Schoen, Wolfgang: … ein gewisser Peter Fechter. TV-Dokumentation (ZDF). Erstausstrahlung 11. März 2010.

Schuster, Jacques: Heinrich Albertz. Der Mann, der mehrere Leben lebte. Berlin 1997.

Schwan, Heribert: Gejagt, getroffen, verblutet. Der Tod des Mauerflüchtlings Peter Fechter. TV-Dokumentation (WDR). Erstausstrahlung 11. August 1995.

Schwan, Heribert und Werner Filmer: Opfer der Mauer. Die geheimen Protokolle des Todes. München 1991.

Schwarz, Hans-Peter: Axel Springer. Die Biografie. Berlin 2008.

Shell, Kurt L.: Bedrohung und Bewährung. Führung und Bevölkerung in der Berlin-Krise. Köln / Opladen 1965.

Springer, Axel: Von Berlin aus gesehen. Zeugnisse eines engagierten Deutschen, Stuttgart 1971.

Ders.: Aus Sorge um Deutschland. Zeugnisse eines engagierten Berliners, Stuttgart 1980.

Staadt, Jochen, Tobias Voigt und Stefan Wolle: Feind-Bild Springer. Ein Verlag und seine Gegner. Göttingen 2009.

Bildnachweis

Unternehmensarchiv Axel Springer: S. 11, S. 12 (Bera), S. 13 (Bera), S. 14, S. 28 (Bera), S. 29 (Bera), S. 30 (Bera), S. 31 (Bera), S. 93, S. 94, S. 98, S. 99, S. 100 (Knobloch-BamS), S. 133, S. 134 (Lengemann), S. 136 (Rodari), S. 137 (Reto-Klar), S. 140 (Keil), S. 141 (Keil)

Peter Palm: S. 27

Stiftung Berliner Mauer: S. 32 (Foto: Donald Mitchell)

Polizeihistorische Sammlung: S. 33 (Foto: Volkspolizei [Ost-Berlin]), S. 36 (Foto: Polizei West-Berlin), S. 62 (Foto: Polizei West-Berlin)

picture-alliance: S. 34 (dpa), S. 35 (dpa / Herbert Ernst), S. 63 (dpa), S. 135 (dpa / Wolfgang Kumm), S. 139 (Geisler-Fotopress | Frederic Kern/Geisler-Fotopress)

Berliner Morgenpost: S. 60

ullstein bild: S. 61 (Schöne), S. 95 (Volker Pawlowski), S. 96 (H-D. Sallein)

Bundesarchiv Stasi-Unterlagen: S. 91

Familie Fechter: S. 92

Susanne Reimann: S. 97

Unterwelten e. V.: S. 138

Wikimedia: S. 160

Gedenken an der Zimmerstraße zwischen Berlin-Mitte und Kreuzberg

Die Zimmerstraße zwischen den Bezirken Mitte und Kreuzberg entwickelte sich neben der Bernauer Straße mit dem 13. August 1961 zu einem der Brennpunkte des Mauerbaus. Im Gegensatz zur Bernauer Straße, die in ihrer kompletten Straßenbreite im französischen Sektor lag, gehörten hier allerdings die Fahrbahn und beide Bürgersteige zum sowjetischen Sektor von Berlin. Daher konnte auf der Zimmerstraße auch der Todesstreifen mit seinen Grenzsicherungsanlagen angelegt werden, da hier der Nötige Platz vorhanden war. So konnten hier durch das Grenzregime auch Fenstersprünge von Fluchtwilligen in die Freiheit, genauer gesagt, in die Sprungtücher von West-Berliner Feuerwehrmännern, wie an der Bernauer Straße dutzendfach geschehen, von vornherein unterbunden werden. Die Hauseingänge zu den wenigen Häuser auf der Nordseite der Zimmerstraße, die das Bombeninferno des Zweiten Weltkrieg überlebten, sind in der Folge vermauert worden. Die Zugänge erfolgten nun ausschließlich über die rückwärtigen Grundstücke im Grenzhinterland, welche nach dem Mauerbau immer stärker gesichert und kontrolliert wurden.

Zimmerstraße 54, 10117 Berlin

Zimmerstraße 8–9, 10969 Berlin

Dennoch sind auch unter der Zimmerstraße zwei erfolgreiche Fluchttunnelprojekte realisiert worden, an die heute zwei bronzene Bodengedenktafeln erinnern. Die erste befindet sich im Bürgersteig vor der Zimmerstraße 54 nahe der Ecke Jerusalemer Straße und erinnert an die dramatische Tunnelflucht einer Ost-Berliner Familie am 18. Juni 1962, bei der der Grenzsoldat Reinhold Huhn unter tragischen Umständen von einem Fluchthelfer erschossen wurde. Die zweite Gedenktafel findet sich im Bürgerstein vor der Zimmerstraße 8–9 und erinnert ein eine Flucht von drei jungen Ost-Berlinern, die hier

Christoph Links, Dietmar Arnold, der Zeitzeuge Rudolf Müller, Axel Klausmeier und Gerry Woop (v.l.n.r.), bei der Übergabe der ersten Bodengedenktafel an der Zimmerstraße.

mit viel Glück im Januar 1972 über einen selbstgegrabenen Stollen in die Freiheit gelangten. Beide Gedenktafeln wurden vom *Berliner Unterwelten e.V.* gestiftet und sind Teil des Gesamtprojektes »Die Fluchttunnel an der Zimmerstraße«, in dessen Rahmen im Jahr 2018 auch zwei Publikationen entstanden sind:

Kein Licht am Ende des Tunnels
Berlin 1962 – Die tragische Flucht einer Familie
(von Dietmar Arnold und Rudolf Müller)

Der Tunnel am Checkpoint Charlie
Eine spektakuläre Flucht 1972
(von Bodo Müller und Siegrun Scheiter)

Die Publikationen sind erhältlich über: www.berliner-unterwelten.de/neuigkeiten/edition-shop.html

Das Projekt wurde mit Mitteln der »Bundesstiftung zur Aufarbeitung der SED Diktatur« gefördert. Die Bodengedenktafeln sind am 18. September 2018 unter Anwesenheit von Gerry Woop (Berliner Staatssekretär für Europa), Prof. Dr. Axel Klausmeier (Direktor der Stiftung Berliner Mauer), Dr. Christoph Links und Zeitzeugen eingeweiht und der Öffentlichkeit übergeben worden.

17. August 2012 – Gedenken an Peter Fechter

Zum Gedenken an den 50. Todestag von Peter Fechter wurde durch den Berliner Unterwelten e.V. für drei Stunden die »Peter-Fechter-Skulptur« vom Florian Brauer am Originalschauplatz Zimmer-/ Ecke Charlottenstraße im einstigen Todesstreifen aufgestellt, durch die der Schwerverletzte ins Grenzhinterland getragen wurden.
Die Skulptur, die in beabsichtigter Weise der Pieta von Michelangelo nahekommt, befindet sich im Vereinseigentum und soll an den »Brudermord von 1962« erinnern. Mit dieser Aktion sollte zudem die Initiative zur Umbenennung eines Teils der Zimmerstraße in Peter-Fechter-Straße unterstützt werden.

Skulptur von Florian Brauer

www.berliner-unterwelten.de

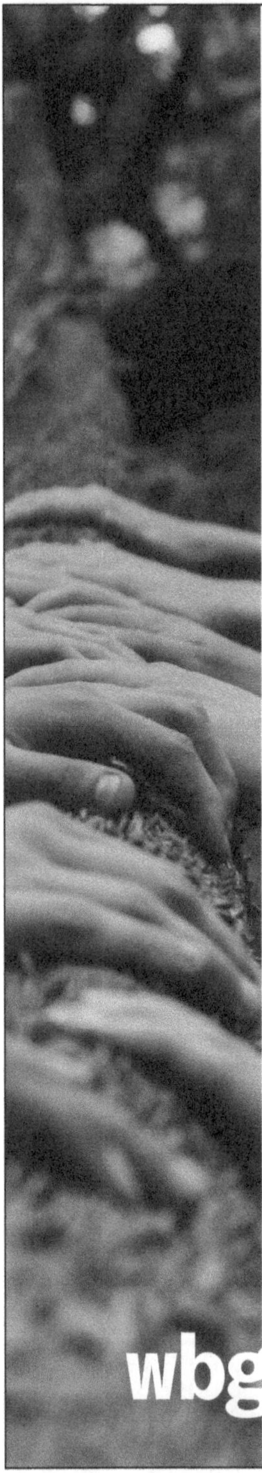